极简沟通

张零◎著

让沟通化繁为简的学问

中国纺织出版社有限公司
国家一级出版社
全国百佳图书出版单位

内 容 提 要

沟通时时刻刻存在于我们每个人的工作和生活中，也时刻影响着我们的生活质量和工作效率，因此，高质量的沟通是每个人都迫切需要的。本书共分为六部分，分别介绍了极简沟通的必要性，极简沟通的核心原则，极简沟通的目标模型，极简沟通的状态模型，极简沟通的ACE系统及实践应用场景，全面介绍了如何将复杂的沟通简单化，是读者提高沟通质量、沟通效率的工具书。

图书在版编目（CIP）数据

极简沟通：让沟通化繁为简的学问 / 张零著. -- 北京：中国纺织出版社有限公司，2020.5（2020.9 重印）
ISBN 978-7-5180-7166-1

Ⅰ. ①极… Ⅱ. ①张… Ⅲ. ①心理交往-通俗读物 Ⅳ. ①C912.11-49

中国版本图书馆CIP数据核字（2020）第030069号

策划编辑：史　岩　　责任校对：寇晨晨　　责任印制：储志伟

中国纺织出版社有限公司出版发行
地址：北京市朝阳区百子湾东里 A407 号楼　邮政编码：100124
销售电话：010—67004422　传真：010—87155801
http：//www.c-textilep.com
中国纺织出版社天猫旗舰店
官方微博 http://weibo.com/2119887771
三河市宏盛印务有限公司印刷　各地新华书店经销
2020 年 5 月第 1 版　2020 年 9 月第 2 次印刷
开本：710×1000　1/16　印张：16
字数：196 千字　定价：48.00 元

自　序

《极简沟通：让沟通化繁为简的学问》并不会教你如何快速减少沟通，也不分享任何直接粗鲁的沟通策略，它是一本告诉你如何让复杂的沟通简单化的工具书，认真学习这门学问可以让你在不同的沟通场景中，高概率地创造出卓有成效的沟通。

没有人希望自己的生活和工作，被毫无意义的沟通填满，这样的现状令人抓狂。因为讨厌面对大量缺乏价值的沟通，于是渴望这些沟通能够从自己的生活和工作中立即消失。虽然我非常理解这些苦恼，但却从来不主张盲目减少沟通。原因很简单，沟通是任何人生活和工作的基础，为了刻意减少沟通而拒绝某些沟通，可能会带来灾难性的后果，让你的生活和工作变得更糟糕。那有什么更好的建议呢？其实相比于立即减少沟通，我们首先应该考虑如何提升每个沟通的质量。当我们让每个沟通卓有成效时，便不用重复进行很多类似的沟通，这本身就是一种高质量的减少。

过去十年我的工作，是让更多的人能够在不同的场景中，更容易地创造出高质量的沟通。为了更好地完成这个工作，我一直在寻找和探索沟通的方法论。我发现如果能够帮助人们让沟通化繁为简，那么大家就更有可能独自创造出卓有成效的沟通。

从2013年开始，我基于这个理念，经过不断的探索和迭代升级，最终创建和发展出了极简沟通这个体系，也就是本书所要向你分享的内容。简单地说，要让不同场景中的每个沟通化繁为简，你需要把握两个秘诀：聚焦本质和使用工具。聚焦本质，就是在沟通的过程中，懂得分配注意力，关注那些对沟通结果有重要影响的要素，你也可以理解为80/20法则；使用工具，则是善于利用一些工具让你在关键方面做得更好。不管在哪个场景，不管你遇到的沟通多么复杂，只要你能够把握这两个秘诀，你都可以将这些沟通化繁为简。极简沟通这门学问就是建立在这两个重要基础之上的。

影响沟通的因素非常多，但因为有前面所说的两个秘诀，所以极简沟通只关注三个重要的方面：第一，你在和他人沟通时，所持有的信念是否恰当；第二，你的沟通目标是什么，是否使用了合适的路径；第三，你在沟通中的表达和行为，带给他人的情绪感受和价值认知。它们是我在实践和探索中发现的，是影响沟通结果的关键要素，它们可以简单地称为信念、目标和对象。极简沟通会给你提供三个经过持续迭代而发展出的工具，它们分别是：极简沟通核心原则、极简沟通目标模型、极简沟通状态模型。这些工具可以帮助你在任何一个沟通中，持有更恰当的信念，选择更合适的沟通目标并懂得实现它们，创造出令沟通对象感觉舒适并富有价值的沟通。

大部分人并不想成为什么沟通专家，仅仅是希望自己能够在不同场景中，通过沟通得到更多的幸福和成功。因此，极简沟通是为了得到有效的沟通而创建。极简沟通除了给每个人提供工具，还会让人们将自己的沟通和这些工具连接起来。这个部分是由极简沟通ACE系统来实现的。这里的ACE分别是评估（Assess）、选择（Choose）和创建（Establish）的简称。很多人问我在极简沟通创建和发展中，最重要的是什么？我总是会告诉他们是迭代和进化。没有任何事物一开始就非常完美，美好的事物都是在一次又一次的迭代和升级中，才变得强大和完美。我的成长经历和极简沟通的发展经历，让我深刻地领悟到了这一点。极简沟通在2013年时，还是一个模糊的想法，而今天已经是一门逻辑自洽、体系完整的学问。迭代和升级是极简沟通始终坚守的理念，未来更不会停止，而且我会和更多认可这门学问的人，共同对它进行迭代和发展。为了更好地迭代和升级极简沟通，我为此特别建立了极简沟通的网站，欢迎每个读者能够参与这门学问的发展，我相信极简沟通在大家共同的努力中，会逐渐变得更有生命力。

极简沟通，并不是一开始就称为极简沟通。曾经被我命名为：高情商沟通。这门学问中的三个工具，最早也分别被称为：高情商沟通核心原则、高情商沟通目标模型、高情商沟通状态模型。2018年我将这门学问的名字改为极简沟通。名称的改变是极简沟通迭代和进化的重要体现。情商和沟通有非常大的相关性，如果你希望获得卓有成效的沟通，那么一定要在沟通中觉察自己和他人的情绪，管理自己的情绪并创建积极的对话氛围。这是我将极简沟通，最初命名为高情商沟通的重要原因。后来我逐渐意识到，这门学问不但会帮助个人实现高质量的沟通，还可以让不同场景中复杂的沟通化繁为简。

《极简沟通：让沟通化繁为简的学问》能够成书，离不开很多人的共同努力。首先感谢我事业的合伙人同小宁、魏海斌，他们坚定地认可我所做的事情，在不同的阶段支持并推动我持续创作。如果没有他们的支持和鼓励，我可能难以投入大量的时间和精力，对极简沟通进行持续地迭代和发展。另外，还需要感谢我的同事郭焕利和张莉萍，她们在本书成稿的过程中与我一起优化书稿，修改其中的错误让这本书变得更好。除此之外，还有很多给予了我巨大支持和帮助的人，他们是我的家人和朋友，在我遭遇挫折的时候依然跟我在一起，他们是我生命中最重要的人，每一天我都满怀感激。

因为能力和时间所限，本书依然存在某些不足。欢迎大家在阅读本书的过程中向我分享你的宝贵建议，我会在极简沟通官网中设置相应的留言区，用心倾听大家的建议。未来在《极简沟通：让沟通化繁为简的学问》升级改版的时候，会全力解决大家反馈的问题。这是一本会持续迭代的书，我坚信随着时间的推移、经验的积累，它会变得更加完美，期待这种升级和发展的过程有你的参与！

2019年4月17日

张零　于深圳

目 | 录
CONTENTS

第一部分
创造极简沟通

第二部分

极简沟通核心原则

第三部分
极简沟通目标模型

第四部分

极简沟通状态模型

第五部分
极简沟通 ACE 系统

第六部分

极简沟通实践篇

第一部分

创造极简沟通

越是能深刻认识沟通重要性的人，越会努力让沟通变得简单。如果沟通是简单的，那么我们会更容易在生活和工作中得到有效的沟通。如果沟通是复杂的，那么我们可能不得不面对大量失败的沟通。或许很多人会说，沟通的简单与复杂是自己无法决定的，我们只能被动地接受那些复杂而低效的沟通。其实我们有能力让复杂的沟通变得更简单，只要你愿意去寻找实现这个目标的方法。《极简沟通：让沟通化繁为简的学问》是一门能够帮助你让沟通化繁为简的学问。

把一切不属于生活的内容剔除得干净利落，把生活逼到绝处，简化成最基本的形式，简单，简单，再简单。

——梭罗《瓦尔登湖》

第 1 章　沟通为什么需要极简

■‖沟通塑造了我们的世界

很多人认为，沟通仅仅是交流和聊天。我认为沟通所代表的，远远大于这个范畴，沟通是我们和他人的互动与连接。每个人的生活、工作、社交都离不开沟通，沟通塑造着每个人的世界，沟通是我们生命中不可或缺的部分，因此，我们应该投入更多的时间和精力，来探索沟通，了解沟通对我们到底意味着什么……

◎ 沟通无处不在

每天我们都需要花费很多时间，与他人进行交流和沟通。没有人是一座孤岛，很多研究表明，那些与家人、朋友有着密切联系的人，其寿命要比孤立的人平均长3.7年，与他人交谈还可以减少孤独感和疾病。

当我们和他人在一起时，沟通便会自然而然地发生，沟通是人们之间互动的重要途径，也是我们生活的一部分。有时候，我们可能不会谈论沟通，但是当你在谈论工作、生活等其他事情时，其实就是在沟通，只是你没有意识到沟通正在发生而已。

或许有的人会认为，孤岛并没有什么，一个人生活也很好。可是，当你真正处于被隔离的状态时，你就会感到非常地痛苦，虽然《鲁滨逊漂流记》是一本小说，但它很好地告诉了我们，一个人希望和其他人在一起的愿望，有时候会非常强烈。尽管荒野小岛可以维持鲁滨逊的生存，但他依然强烈地想要离开那个荒芜人烟的世界。

◎ 沟通是其他能力的基础

沟通发挥基础作用的例子非常多，比如导购员销售商品，就需要良好的沟通能力。管理者在进行企业管理的过程中，有很多工作都与沟通有关。老师向学生分享知识的过程中也伴随着沟通。或许，你想成为一个优秀的导购员、企业管理者以及老师，为了成为这样的人，你可能会学习很多专业的知识，但却很容易忽视对沟通能力本身的培养。专业能力的提升是非常必要的，但我们同时也应该关注沟通这样的基础能力。成为一个善于沟通的人可以帮助你将不同的工作做得更好。缺乏沟通的能力，即使你掌握了很多知识和技巧，也难以让你在某个领域变得出类拔萃。

◎ 沟通是解决问题的关键

人们在实现目标或创造价值的过程中，每天都要解决很多问题。虽然有一部分问题与沟通无关，比如电脑坏了类似的问题，但更多的问题都是与人相关的。比如，此刻你和同事的观点存在分歧，你需要说服合作伙伴接受你的方案，你需要和爱人修复关系的裂痕等，在解决这些问题时，沟通非常地重要，同时也是很好的途径。善于沟通的人，总是能够更好地解决这些问题，可以从生活和工作中得到更多的幸福与成功。与此相反，很多人因为缺乏良好的沟通能力，在生活和工作中屡屡受挫。例如，家明发现同事给自己提供的数据，存在一些误差，他需要跟同事重新核对这些数据，但是他用抱怨的语气指责同事，为什么给自己提供错误的信息，于是彼此开始了争吵，工作的事情也被耽误了。如果家明没有使用抱怨和指责的方式，那么他和同事一定可以高效地解决问题。

◎ 沟通让你更好地认识自己

不管是男人还是女人，老人还是小孩，对自我的探索都拥有强烈的兴趣。我是一个什么样的人？我和其他人有什么不同？这些问题，经常会被人们有意无意地提到。沟通是帮助我们认识自己的重要途径。沟通促进我们更好地认识自己，主要体现在两个方面，首先，通过沟通我们可以从他人的口中了解别人眼中的自己，这些反馈有助于让我们更全面地看待自己；其次，通过沟通我们可以发现自己和他人的差异，认识到自己的优势和不足，更好地与他人协作，共同创造价值。

前面我们通过四个方面：沟通无处不在、沟通是其他能力的基础、沟通是解决问题的关键、沟通让我们更好地认识自己，探索了沟通对每个人的意义。如果你希望自己的生活是美好的，工作是富有成效的，那么你就要采取行动，追求它们，被动地等待并不会让我们得到这一切。影响我们获得成功和幸福的因素很多，沟通是这些因素中非常重要的一个，先让自己成为一个善于沟通的人。这个改变，可以让你更靠近自己所追寻的目标。

复杂的沟通困扰着很多人

我们希望自己经历的沟通是顺畅简单的，但实际情况总与期待不同。我听过很多人抱怨说：为什么沟通这么复杂？要想让沟通变得简单有效，我们首先应该了解哪些因素让沟通变得复杂。

◎ 沟通本身充满了复杂性

沟通并不像很多人认为的那样，仅仅是对着一个人说话。其自身具有一定的复杂性，这种复杂性主要体现在四个方面。

首先，面对的沟通对象存在差异。生活和工作中，我们不是和某个人持续沟通，而是需要跟形形色色的人进行沟通，每个人都有自己的特点和风格，因此面对不同的沟通对象，你需要使用不同的方式和他们沟通，有些方式可以和一些人建立好的沟通，但与另一些人沟通时，这些沟通方式可能会导致适得其反的结果。

其次，沟通的场景是多样化的。我们所经历的每个沟通，都发生在不同的场景里。场景的差异往往意味着我们需要扮演不同的角色，比如家庭中你是一位妻子或丈夫，职场中你是一位领导者，在孩子的家长会上，你是某个孩子的妈妈或爸爸。这些不同的场景中，你的每一个沟通对象，对你的期待可能完全不同。基于这些场景和角色的差异，你需要使用不同的沟通方式。

再次，沟通中人们的亲密程度并不相同。有些沟通对象，我们彼此之间会很熟悉，而有些沟通对象，彼此比较陌生。面对熟悉的人和陌生人，我们所选择的沟通方式，往往并不相同。对于那些关系亲密的沟通对象，你可能会表现得放松、随意，乐于向他们分享更多的信息，和那些关系不怎么亲密的人，你可能会表现得比较正式、拘谨，不愿意跟对方共享更多私人的信息。由此可见，人际关系的不同状态，会导致沟通本身变得不同。

最后，每个沟通想要实现的目标也完全不同。你的沟通目标不同，导致你所选择的沟通方式存在差异。有时候你的沟通目标可能是说服对方，让对方接受你的某些观点，还有时候，你可能希望让彼此的关系变得更有质量，目标的差异也是导致沟通复杂性的重要原因。

除了沟通对象的差异、场景的多样性、关系的亲密程度、沟通目标的不同之外，还有很多影响沟通成效的因素。比如，每个沟通者在参与沟通时，自己的情绪状态也不相同。你的心情很好，内心充满喜悦，这个时候和他人的沟通，自然与心情糟糕的时候状态完全不同。当我们全面认识到这些影响沟通的因素后，自然可以感受到沟通本身所具有的复杂性。

◎ **个人的某些选择和行为让沟通更复杂**

当我们在探讨复杂的沟通这个话题时，除了沟通本身的因素之外，我们还应该注意到，人们在沟通中的很多选择和行为，也让沟通变得复杂。关于这个部分，主要体现在两个方面。首先，很多人在沟通时，担心自己的表达会让他人产生不好的感受，往往会选择委婉或模糊的方式。在这样的背景下，双方虽然在谈论很多话题，但始终无法抓住重点，彼此并不知道对方真正想要说什么。其次，人们在沟通时，很容易陷入本能化的行为反应模式里。比如，当沟通者感受到他人否定和拒绝的时候，内心容易产生自我保护倾向，这让他们使用逃避或攻击性的方式，回应他人的语言和行为。这种行为反应，会让当下的沟通变得复杂，并充满风险。

◎ **我们处在沟通更加复杂的时代**

理查德·巴克敏斯特·富勒（Richard Buckminster Fuller）的“知识倍增曲线”认为，1900年人类知识大约每100年翻一倍，到1945年它每25年翻一倍，到1982年12 ~ 13个月翻一倍。后来IBM估计，到2020年人类知识每11 ~ 12小时翻一倍。这个数据呈现了，我们正处在一个信息爆炸的时代。大量的信息与沟通有什么关系呢？首先，大量的信息会吸引我们的注意力，让我们难以专注地和他人进行对话。其次，互联网社交软件的发展，让我们与更多人可以建立联系，每个人所要面对的沟通对象数量更多，彼此的差异更大。人们面对面的沟通越来越少，更多的沟通发生在线上场景中。这些特征也让沟通变得更复杂。

认识沟通的复杂性，是一件非常有意义的事情。它不但可以让我们对沟通拥有一个全面、准确的认识，还可以激发我们内心的意愿，让我们采取行动，努力将自己每天需要面对的沟通化繁为简。

极简是智慧的解决方案

很多人既渴望富有成效的沟通，同时也希望更简单地得到这一切。后面一个目标，要比前面一个目标更具有挑战性。如果我们拥有一种能力，可以在不同的沟通场景中，使用更简单的方式创造出卓有成效的沟通，那么我们一定可以从这种能力中得到巨大的回报。虽然第二个目标更难以实现，但我们依然应该朝着这个方向努力。那么面对复杂的沟通，我们该如何将其化繁为简呢？极简主义可以让我们找到更智慧的解决方案。

◎ 认识极简主义

极简主义，是一种被很多人追随的理念和哲学，引导人们关注事物的本质和优先性，有意识地去除那些不必要的或者难以创造价值的部分，从而避免个人有限的精力被消耗和浪费在不重要的地方。当然我们需要去除的是那些真正不重要的部分，而不是盲目地做减法。如果某个部分是非常重要的，那么我们应该保留或分配更多的时间关注它们。当然这里我所说的极简主义是广义的。从20世纪30年代著名建筑师路德维希·密斯·凡德罗（Ludwig Mies Van der Rohe）提到“少即是多”（Less is more）开始，带有极简主义理念的作品，就大量存在于我们的生活中。你看到的海报、家具、建筑，以及使用的手机，它们身上都可能包含着极简主义的理念。

◎ 极简主义带给沟通的启示

极简主义，之所以被很多人认可和推崇，是因为它可以让我们更好地保持精力，以便追寻对自己真正有意义的事物。极简主义可以启发我们思考，如何以更简洁并抓住本质的方式实现自己的沟通目标。每个人都希望通过沟通，让自己的工作和生活更美好。关于怎样创造有效的沟通，人们存在不同的看法。很多人认为要实现有效的沟通，必须掌握几十种方法和技巧，显然这样的策略并不简洁。大量技巧的堆积，不但会增加我们记忆的难度，还会让我们在应用这些技巧的时候，不知所措。要实现沟通简洁和抓住本质，我们必须寻找一套体系化的方法论，不但要确保每个沟通者都能够快速地掌握它，同时还能够利用它高概率地创造出有效的沟通。

◎ 当沟通遇到极简主义

极简主义带来的启示，对每个人并不相同。或许有的人认为，在沟通中追求极简，就应该让每个沟通简单直接，这样的想法可能会适得其反，甚至导致沟通陷入困境。沟通结果不在于你说了什么，而在于对方从你的表达中获得了什么。单方面追求简单直接，很容易忽视沟通对象的感受，制造出大量无效的沟通。还有人认为追求极简，就是减少沟通的数量。我们的生活和工作中存在很多价值比较低的沟通，与其提升它们的价值，显然减少它们更容易。但很多人同时忽略了一点，沟通在生活和工作中，发挥着重要的价值，放弃沟通不但会切断人们彼此之间信息共享的可能性，还会错失通过沟通解决问题的机会。

将极简主义应用在沟通中，获得一套体系化的沟通解决方案并不容易。如果我们不认为让沟通化繁为简是可行的，那么自然也就不会去努力得到这样的方案。面对复杂的沟通，很多人认为不存在极简的方案，认为所有极简的方案都是不可靠的。这种想法具有很强的普遍性，同样也存在于其他领域。解决问题的时候，如果你只了解少数解决问题的方案，当这些方案都比较复杂时，你可能不会质疑这些解决方案本身。甚至会认为，复杂是专业性的体现，从而追求更复杂的问题解决方案。

如何让沟通化繁为简

我经常被他人问到，如何创造出有效的沟通？每当这个时候，我都会给他们提供很多建议。虽然他们告诉我这些建议很有价值，但我自己对这些建议却并不满意。那什么样的建议，是我满意的呢？我经常问自己这个问题，我得到的答案是：那些能够让沟通化繁为简的建议。

过去十年，沟通培训和教练辅导的工作，让我非常深刻地意识到：很多人难以创造出富有成效的沟通，并不是他们没有好好说话的意愿，而是这件事情对他们来说是复杂困难的。因此能够让沟通化繁为简，就可以帮助更多的人。得到理想的沟通结果，对每个人都拥有重要的意义。因为创造出富有成效的沟通，你可以更好地与孩子相处，拥有更高质量的亲子关系；你可以与爱人维持更亲密的关系；你可以和同事高效地协作，得到更高的工作绩效……

◎ 化繁为简的两个秘诀

那如何让沟通化繁为简呢？关于这个问题，我们很容易理解成：如何简化沟通本身。曾经很长一段时间，我在这样定义这个问题，直到自己发现这是一件非常困难的事情。首先，沟通不是我们单方面创造的，简化沟通，你一个人往往难以完成。其次，当我们在谈论“沟通”的时候，不是在讨论某个具体的对话，而是在说很多完全不同的对话。沟通是一个抽象的、高度汇总的含义。因此，简化沟通所代表的不仅仅是将某个对话变得简单，而是将所有的对话变得简单。

某一天我突然意识到，其实让沟通化繁为简，并不只有改变沟通本身这一条路径。还可以通过让沟通者掌握一套方法论，使他们能够熟练地应对不同场景的沟通。这样的情况下，我们面对的沟通本身并没有什么改变，但是我们自己改变了。复杂的沟通因为我们拥有一套有效的方法论，所以变得简单了。这个思维的转变，让我开始关注新的问题：如何能够让每个人在面对沟通时，都可以高效率地实现自己的沟通目标？经过探索，我发现了两个能够帮助我们解决以上问题的秘诀，它们分别是聚焦本质和使用工具。

秘诀一：聚焦本质。面对任何场景的沟通，你要想轻松地应对它们，首先需要明确一个重要的事实：决定沟通结果的因素很多，而自己的注意力和精力是有限的。明确这个事实的重要意义在于，让你不再试图掌控所有影响沟通的因素，而是将精力集中在少数关键的因素上。这个选择就是我要说的第一个秘诀——聚焦本质。或许你曾经听说过80/20法则。对于它的含义，人们可能会有不同的解释，但这里我们可以将其理解为关键少数。影响事物发展或发挥关键作用的，并不是其中的大部分，往往是少部分。在没有得到聚焦本质这个秘诀之前，很多人可能在沟通的时候，试图关注沟通的每个方面，以至于变成了眉毛胡子一把抓的情况。聚焦本质这个秘诀，它可以转变我们沟通时习惯性的思维：从关注影响沟通的全部因素，到只关注重点因素。

秘诀二：使用工具。面对任何场景的沟通，你要想轻松地应对它们，还需要明确：每个人的能力是有限的。发现自我的局限性，并不会让我们变得更弱，相反可以让我们变得更强大。当自己无法完成一些事情时，我们会使用工具来达成目标。我们的生活被不同的工具围绕着，比如桌子、床、手机、电脑、汽车等，它们会帮助我们解决相应的问题。在沟通的时候，我们也可以使用一些工具，让我们在某些方面可以做得更好。这就是我所说的第二个秘诀——使用工具。人类的智慧很大一部分就建立在对工具的驾驭上。虽然某些场景中的沟通可能是复杂的，但我们因为拥有相应的工具，所以我们可以轻松地应对它们。

◎ 两个秘诀的关系

聚焦本质和使用工具这两个秘诀，并不是彼此独立的，相反它们相互配合，共同帮助我们实现让沟通化繁为简的目标。聚焦本质让我们从众多影响沟通的因素中发现重点，帮助我们将注意力放在重点部分上面。使用工具可以提升我们的能力，让我们在这些重点方面做得更好。只有当聚焦本质和使用工具共同发挥作用的时候，我们才能够获得一套让沟通化繁为简的方法论。极简沟通，就建立在这两个秘诀的基础之上。

聚焦本质和使用工具，这两个秘诀并不是多么的高深莫测，相反非常的简单。千万不要因为它们简单，而忽视它们所拥有的能量和潜力。任何强大的体系，都建立在一些简单的常识上面。虽然你已经知道沟通化繁为简的两个秘诀是什么，但其实还有很多疑问需要你去探索。比如，关于聚焦本质的秘诀，你可能会问影响沟通成效的本质具体是什么？关于使用工具的秘诀，你可能也会问到底有哪些工具，该如何使用它们？前面提到的这些问题，本书的第2章和第3章会给你详细的答案。

对要紧事尤其要深思熟虑。愚人之所以失败，败在缺乏思考。他们对事情的思考总是半生不熟，既看不出其利，也看不出其弊，所以也就总是不肯下苦功夫去做。有的人思考起来则本末倒置，对该重视的大事无动于衷，对不该重视的鸡毛蒜皮小事却风风火火。有很多人绝不会昏了头脑，因为他们本来就没有头脑可昏。有些事情我们要仔细考虑，并且牢记在心。聪明人事无巨细必加审察，对特别深奥或可疑之事尤其详加斟酌，有时则能通过现象透视其本质。他们的思考比起一般的思考来更要入木三分。

——巴尔塔沙·葛拉西安《智慧书》

第 2 章　极简的秘诀之聚焦本质

沟通发生的过程

让沟通化繁为简的第一个秘诀是聚焦本质。要真正实现聚焦沟通的本质，我们首先应该对沟通发生的过程有一个全面准确的认识。如果对沟通的原理及发生过程不了解，那么我们也就无法真正知道哪些因素对沟通的结果更重要。目前，解释沟通发生过程的理论比较多，大多数研究者比较认可的是沟通交互模型。它认为任何一个沟通中都包含以下六个要素，它们分别是沟通者、信息、通道、编码（解码）、噪音、沟通者的背景，如图1–2–1所示。

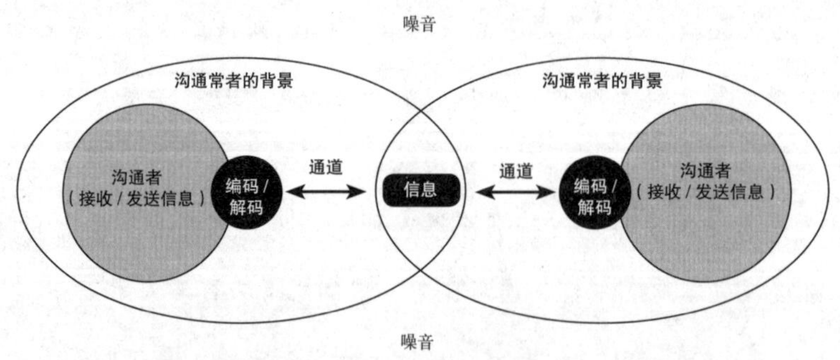

图 1–2–1　沟通交互模型

“沟通者”非常容易理解，就是参与沟通的人。任何一个沟通都包含两个或两个以上的沟通者，或许有的人会说自我对话不就只有一个沟通者吗？一般情况下，我们不会把自我对话定义为一种沟通，它更像是个人的一种思维活动，这里除了自我对话，人机对话（人与计算机或机器的沟通）也不在我们探讨的范畴内。有些观点认为，在一个沟通中某个人是信息的发送者，另一个人则是信息的接收者。这样的理解并不准确，其实每个参与沟通的人，他们既是信息的发送者，同时也是信息的接收者。

“信息”指的是沟通者所沟通的具体内容，它们可能是事实、观念、思想、数据，等等。我们和他人的沟通也可以看作彼此共享信息的过程，任何一个沟通中都会包含大量的信息，没有信息也就没有沟通。比如，你告诉一位朋友，下午五点在某个咖啡馆见面。你所告诉朋友的这些内容就是信息。

“编码”和“解码”理解起来相对复杂一点，要认识它们我们首先需要理解，信息本身存在于人们的大脑中，是不能直接被他人感应到的，要想让他人理解你想表达的某些信息，你首先要把这些信息或思想变成符号、语言或肢体动作，这个过程就是编码的过程。而你的沟通对象通过你所提供的符号、语言和肢体动作理解你所要表达的信息，这个过程就是解码的过程。

“通道”指的是内容传递的媒介或载体，如果没有通道，信息则无法传递给他人，比如在面对面的沟通中，你向他人说话，你的声音通过空气传递给沟通对象，这里的空气可以看作通道。沟通的通道非常多，比如电话、邮件、社交软件，等等。不同的通道所能传递的信息和内容存在差异，比如视频通话，你既可以看到对方，也可以听到对方的声音，而通过电话，你只能听到对方的声音。

“噪声”指的是我们在和他人沟通的时候所遭遇的干扰。任何一个沟通中都存在很多噪声，比如你与朋友在露天的环境中说话，周围其他人说话的声音、马路上汽车的声音、风吹动树叶的声音，它们都是当下沟通的噪声。当然噪声不仅仅来自外部环境，也可能来自沟通者心理或生理方面。比如，朋友正在和你说话，而你感觉到胃很不舒服，这种不舒服的感受，对你们当前的沟通而言，也可以看作噪声和干扰。

“沟通者的背景”指的是沟通者拥有的知识、文化倾向、价值观、经验、习惯等个性化的特征。任何两个沟通者的背景都是不完全相同的，彼此可能存在很多差异，同时也拥有一些共同点。人们之间的背景差异存在于每个沟通中，我们无法找到两个拥有完全一样背景的沟通者，即使他们是一对双胞胎，彼此拥有相似的容貌、拥有同一个父母、受到相似的教育，但他们之间依然会存在很多不同。

为了能够让大家更好地认识以上沟通要素，我们看看这个案例。吉姆向老板汇报工作的过程就是一个沟通。吉姆在说话的过程中，老板双眼注视着吉姆并不断点头，吉姆和老板是沟通者，他们都在发送信息和接收信息。吉姆向老板介绍的工作成果，就是信息，这些信息是通过吉姆说出来的话和肢体动作传递给老板的，这就是吉姆对信息的编码，老板从吉姆说的话和肢体动作中得到信息的过程就是解码。吉姆和老板同处在办公室，彼此可以看到对方并听到对方的声音，这就是沟通的通道。在吉姆汇报的过程中，老板的电话响了以及秘书敲门的声音，都是沟通中的噪声。沟通者的背景就是吉姆和老板各自所拥有的知识、经验等。

如何聚焦沟通的本质

任何一个沟通中，6个要素都会存在，但这并不代表，我们就应该为每个要素分配同样的注意力。我们应该从这些要素中找到重点，那么哪些要素是我们应该重点关注的呢？经过对这个问题的持续探索，最终我从6个要素中选择了沟通者、信息、编码（解码）作为重点关注的部分。不将通道、噪声和沟通者的背景放在优先考虑的位置，不是因为它们不重要，或者对沟通没有什么影响，而是因为我们的精力有限，只能进行取舍，这也是化繁为简的秘诀（聚焦本质）带给我们的启示。

之所以会把沟通者、信息、编码（解码）放在重点关注的位置，主要是基于以下两个原因的考虑。首先，我们应该关注要素本身的可控性，优先选择那些更容易实现改变的要素。虽然沟通者的背景这个要素对沟通的结果拥有一定的影响，但它本身是比较难以改变的，比如你要和一位客户沟通，你们认知、性格、经验上的差异就是一种客观事实。其次，我们应该关注对沟通结果影响程度更大的要素，噪声和通道虽然会影响到沟通的结果，但是相比其他要素，影响程度要低一些。任何一个沟通中，关于沟通者、信息、编码（解码）这3个要素都是我们应该重点关注的。

◎ 对沟通者要素的关注

沟通者代表的是所有参与沟通的人，这些人也就是你和你的沟通对象。相比于沟通对象，我们对自己拥有更强的掌控性。很多哲人告诉我们，如果你一开始就把改变的焦点放在自己身上，那么你更可能获得成功。但遗憾的是，大部分人最初都先想的是改变他人，而不是改变自己。因此，我们首先应该了解自己在创造沟通的过程中，发挥着怎样的作用。即使面对同样的沟通场景，不同的人也会创造出完全不同的沟通。作为沟通的创造者，你的选择在很大程度上影响着沟通的结果。如果你忽视自己的作用，总是把问题归到环境和他人身上，那么你永远难以得到满意的沟通结果。影响你行为选择的因素很多，其中一个非常关键的因素就是你自己所持有的信念。

◎ **对信息要素的关注**

信息代表的是我们和沟通对象到底沟通的是什么，信息就是沟通的内容本身。沟通的时候，信息在沟通者之间流动。通过沟通，每个参与者所拥有的信息量会发生改变。信息量的改变，是沟通创造价值的重要前提。比如，原先你不知道对方的想法，通过沟通你知道了对方的想法。显然此刻，你比过去拥有了更多的信息量。你得到了一些新的信息，这些信息可能会影响你作出的选择。作为一个沟通者，在沟通的时候你应该向对方传递哪些信息呢？这个问题是至关重要的，它决定着沟通的意义。每个人都知道，真实的沟通中我们并不会想到什么就说什么，而是有计划地传递一些信息。而影响信息选择的关键是，每个人所具有的沟通目标。

◎ **对编码（解码）的关注**

编码（解码）代表的是我们对信息的加工，它们是完全相反的过程，一个是把人无法感知的信息，变成一些可以感知的内容；另一个是从这些可以感知的内容中，解读出准确的信息。如果只有编码没有解码，信息是无法有效传递的。比如，面对一个不懂法语的人，你说了一大段法语，对方依然不知道你在说些什么。在这个例子中虽然你完成了编码，现实的情况是对方无法解码。你要让他人能够接收到你想表达的信息，那么你必须选择沟通对象能够解码的方式进行编码。比如，对方虽然不懂法语可是懂汉语，那么你说汉语对方就能听懂你要传递的信息。虽然说法语和说汉语都是编码的过程，但导致的结果却完全不同。通过前面的介绍，我们就会明白关于编码和解码，影响它的关键就是沟通对象。沟通者、信息、编码和解码，这三个要素是我们应该优先关注的部分。大量的应用实践让我发现，它们并不适合作为我们聚焦本质的焦点。因为聚焦本质的意义在于帮助沟通者让沟通化繁为简。后来我发现这三个要素，更像一个桥梁让我们找到了三个全新的焦点。这些焦点在我前面介绍这些要素时分别提到过，也就是沟通的时候你的信念、你的沟通目标、你的沟通对象。于是我把信念、目标和沟通对象称为让沟通化繁为简的三个关键。

信念、目标、沟通对象

让沟通化繁为简的重要秘诀之一就是聚焦本质。通过对沟通构成要素的探索，我们知道影响沟通结果的因素非常多，最终我们选择出了可以对沟通结果产生重要影响的三个关键。它们分别是你在沟通时自己所持有的信念、想要实现的沟通目标，以及所面对的沟通对象。沟通者只要在以上三个方面做得更好，就可以高概率地得到理想的沟通结果。

◎ 第一个关键：信念

“信念”，简单地说就是你相信什么或者认为什么是对的。信念之所以非常重要，是因为它是你所有选择和行为的基础。因为你相信某个结果是可能实现的，所以才会努力追求这个结果。如果你根本不相信它可以实现，那么你自然就不会做出努力。在沟通的过程中，信念同样无处不在。任何人之间的沟通都建立在一些假设和信念之上，恰当的信念让沟通更好地进行，不恰当的信念让沟通陷入困境。

比如，有人丢了一把斧子，他怀疑这把斧子是被邻居偷走了。虽然他可能不会把自己的猜想说出来，但心里依然觉得邻居就是偷了斧子的人，于是他和邻居的互动开始变得充满了敌意。后来他在另一个地方找到了这把斧子，直到这个时候，他才意识到自己错怪了邻居。于是在心里又开始认为邻居是个好人。由此可见，我们和他人的沟通建立在我们内心所持有的某些信念之上。

◎ **第二个关键：目标**

“目标”就是我们为什么要沟通，希望通过沟通实现哪些结果，因此沟通目标是每个沟通发生的重要前提。我们在评价一个沟通是有效还是无效的时候，所依据的标准就是沟通的目标，那些能够促进目标实现的沟通，才是有效的沟通。如果一个沟通无法促进目标的实现，不管你为这个沟通投入了多少精力，都不能将其称为有效的沟通。当然在沟通的时候，并不是所有人都能重视沟通目标，现实中大量失败的沟通，大部分是因为忽视沟通目标而导致的。忽视沟通的目标，盲目地开始沟通，必然无法创造出卓有成效的沟通。

每个沟通都有要实现的目标，有时候你可能并不清楚自己的沟通目标是什么，但这并不代表沟通目标不存在。比如，你在车站等车的过程中，自然地和身边的人聊了起来，或许你认为这个沟通没有目标，其实你的沟通目标是消磨等车的时间，让自己等车的过程变得更轻松愉悦。

◎ **第三个关键：沟通对象**

“沟通对象”就是和你进行沟通的人。任何一个沟通结果，都是由你和沟通对象共同创造的，但大多数人仅仅会站在自己的视角，基于自己的需求进行沟通。忽视沟通对象的感受，否定他们对沟通结果的影响，希望自己单方面创造出某个沟通结果，这是非常不现实的想法。

关注沟通对象，意味着你需要站在沟通对象的角度创造沟通，并克服只站在自己的角度沟通这个习惯性的阻力，主动地去理解沟通对象的感受、认知和期待。虽然要做到这一点并不容易，但只要做出努力，你一定可以有所收获，让沟通朝着自己期待的方向发展。

想要创造有效的沟通，你最应该注意：在这个沟通中自己所持有的信念、自己的沟通目标，以及你的沟通对象。如果你愿意在这些方面采取行动，那么不管你面对的沟通处在怎样的场景，沟通本身多么复杂，你都可以高概率地创造出有效的沟通。当然除了聚焦本质，我们还有另一个秘诀——使用工具，下一章我们将探索使用工具带来的启示。

> 要想教给人们一种新的思维方式，就不要刻意去教，而应当给他们一种工具，通过使用工具培养新的思维模式。
>
> ——彼得·圣吉《第五项修炼》

第3章 极简的秘诀之使用工具

工具让实现结果变得容易

通过第一个秘诀（聚焦本质）的启发，我们已经明确在任何一个沟通中，应该特别重视：信念、目标、沟通对象。每个沟通者在沟通中最理想的状态是持有恰当的信念、拥有目标并懂得如何实现它们、关注沟通对象，并以终为始地创造沟通。知道这一切意味着，我们开始拥有了一个努力的方向。理想和现实往往存在着巨大的差距，为了让现实靠近理想，我们还需要第二个让沟通化繁为简的秘诀：使用工具。

◎ 我们的生活被工具包围着

工具，是人们在生活和工作中为了实现特定的目标而使用的手段。工具伴随着人类的发展而进化。比如，人类的祖先为了将生肉变成熟食，学会了利用火；为了将兽皮缝制在一起实现保暖的目的，制造了骨针。现代社会，我们所坐的椅子、喝水用的杯子、通信用的手机、出行用的汽车等，它们都是工具，我们的生活被这些工具包围着。当然这里我们所说的工具是广义的，不仅仅指看得见的实物，也包含手机和计算机中的软件，以及指导我们思考和解决问题的模型。工具之所以对我们非常重要，是因为它们在人类的生活中发挥着三个巨大的作用。首先，工具是我们维持生存的必要手段，我们每个人的衣食住行都需要依靠工具来实现，没有工具我们的生存会受到威胁。其次，工具增强了我们的能力，让我们可以做到人类自身无法做到的事情。比如，飞机帮我们飞上天空，实现远距离的旅行；太空望远镜让人类看到地球之外的世界。最后，工具还提升了人类做事的效率，计算机可以让我们快速地处理大量数据，自动化的生产车间，让我们快速地制造出大量商品，极大地提高了生产效率。

◎ 关于沟通的工具

每个人的世界都被大量工具所包围，工具发挥着巨大的价值。同样，沟通中也存在大量的工具。我的工作之一就是向他人分享自己所掌握的沟通工具。曾经很长一段时间，我因为掌握大量沟通的方法和技巧，内心拥有成就感。认为掌握大量的沟通方法和技巧，是自己专业性的最好体现。直到有一天，我将所有的方法和工具汇总起来，发生了令我惊讶的事情，它们的数量竟然远超100个。这个结果引发了我深度的思考，沟通时我们真的需要这么多方法和工具吗？我开始坚定地认为，我们需要的不是更多的工具，而是少量能够解决大部分沟通问题的工具。

◎ 三个工具的创造

人们之所以会创造出某个工具，是因为想要通过这个工具解决自己的一些问题。因此解决问题，是工具产生的重要前提。一直以来，我都被一个问题困扰着，为了创造出卓有成效的沟通，每个沟通者最理想的状态是：持有恰当的信念，拥有目标并懂得如何实现它们，关注沟通对象，以终为始地创造沟通。如何让更多的人拥有这种理想状态？最初我试图找到一些现有的工具，来解决这个问题，但多次尝试都没有得到好的结果。后来，我在沟通培训和教练辅导中，逐渐发展出了三个工具，它们是：极简沟通核心原则、极简沟通目标模型、极简沟通状态模型。通过聚焦本质的秘诀，我们得到了三个在沟通中需要关注的重点：信念、目标和沟通对象。再通过使用工具这个秘诀，得到了三个关键工具：极简沟通核心原则、极简沟通目标模型、极简沟通状态模型。未来我们将逐渐学习这三个关键工具，它们可以帮助你在任何情境中，创造出卓有成效的沟通。

极简沟通三剑客

为了实现将复杂的沟通化繁为简，我从2013年开始，逐渐发展出了三个工具。沟通者不需要再去努力记住上百个沟通技巧，只需要掌握这三个工具，就可以极大地提升沟通满意度。这三个工具是极简沟通的主要构成，因此我将它们称为极简沟通“三剑客”。“三剑客”拥有强大的能力，可以帮助你获得理想的沟通结果，如图1–3–1所示。

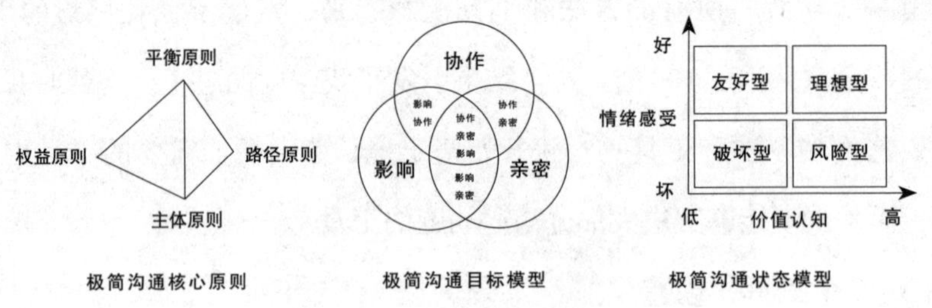

图1–3–1 极简沟通三剑客

◎ 极简沟通核心原则

极简沟通核心原则，希望帮助沟通者持有恰当的信念，这个工具包含四条沟通者需要恪守的原则，它们分别是：平衡原则、路径原则、主体原则、权益原则。平衡原则可以理解为你和沟通对象都很重要，能够在沟通中平等地处理自己和沟通对象的关系。路径原则的含义是“坚持沟通的选项”，要求把沟通看作解决问题的第一选择。主体原则指的是为自己的情绪负责，要求沟通者不把自己的情绪归结于他人，主动去调整自己的情绪。权益原则的含义是尊重对方的选择，要求沟通者坚信每个人都是独立的个体，不强迫他人做自己不喜欢的事情。本书第二部分将带领你深度探索极简沟通核心原则。

◎ **极简沟通目标模型**

极简沟通目标模型，致力于让沟通者在不同的情境中明确自己的沟通目标，选择能够实现目标的路径。目标模型由三个核心目标构成，他们分别是协作、亲密、影响。协作指的是为了和他人共同完成一件事情（任务）而进行的沟通；亲密指的是为了促使自己和他人关系亲密度的变化而进行的沟通；影响指的是为了使他人做出改变而进行的沟通。这三种核心目标通过相互组合还可以延伸出四种组合目标：协作+亲密、影响+亲密、影响+协作、协作+亲密+影响。本书第三部分将会带你全面认识这个工具。

◎ **极简沟通状态模型**

极简沟通状态模型，希望帮助沟通者站在沟通对象的角度创造沟通。它以对话带给沟通对象的情绪感受好坏为纵轴，以对话带给沟通对象的价值认知高低为横轴，为我们定义出了4种具有代表性的沟通状态。它们分别是友好型、风险型、破坏型、理想型。友好型指的是带给沟通对象的情绪感受较好，但价值感较低的沟通状态；风险型指的是带给沟通对象的情绪感受较差，但价值感较高的沟通状态；破坏型指的是带给沟通对象的情绪感受和价值感都较低的沟通状态；理想型指的是带给沟通对象的情绪感受和价值感都较高的沟通状态。这些状态不但让我们可以定位当前的沟通，而且还可以帮助我们以终为始地创造沟通。本书第四部分将带你深度认识状态模型这个工具。

前面三个工具，其中两个的名称中都包含模型这个词。模型对很多人来说是一个抽象的词，可能不知道它具体指的是什么，因此我觉得这里应该简单说明一下。同时也顺便回答另一个问题：为什么要创造模型？

那么关于模型，你的第一个联想会是什么呢？有人告诉我，汽车模型。好的，那我们就以汽车模型举例子。简单地说，汽车模型就是模拟真实汽车而制作的一个物品。虽然汽车模型不等于真实汽车，但是可以代表或者近似于汽车。其实，从心理学的角度讲，模型是一种重要的心理表征。它又被叫作知识表征，是认知心理学的核心概念之一，指信息或知识在心理活动中的表征和记载方式。表征是外部事物在心理活动中的内部再现，它一方面反映客观事物，代表客观事物，另一方面又是心理活动进一步加工的对象。

模型是一种心理表征，而我们认识这个世界是通过心理表征进行的。因此获得关于沟通的模型，可以让我们更好地认识沟通过程，并得到自己满意的沟通结果。那么大家也就能够理解，为什么要创造这些模型了。

这些模型虽然不代表真实的沟通过程，但是它可以让我们抓住沟通中的关键和本质，使我们在不同的情境中使沟通变得容易。听了这些介绍，如果你依然不太理解模型，你还可以用更简单的方式看待它，把它看作一副简单的画，比如一张“藏宝图”。我相信你听到“藏宝图”这个词，一定会明白它的重要意义，也就是说它可以指引你到达正确的位置。我们提供的关于沟通的模型和工具，包含了你得到有效沟通的关键元素，而且容易被记住。

极简沟通是一套体系化的沟通学问，也是帮助你更好地与他人沟通的方法论。它的创建并不是在某一个时刻完成的，而是从2011年到2019年逐步发展出来的，在发展的过程中经历了多次的迭代和升级，这些升级大部分发生在2013~2017年。关于极简沟通的特点，我们可以将其表述为三个关键词：化繁为简、体系化和结果导向。化繁为简，体现在极简沟通致力于用三个关键工具，让沟通者更容易创造有效的沟通。体系化，体现在极简沟通的关键工具彼此之间并不孤立，而是相互补充。结果导向，体现在极简沟通的目标是让沟通者创造出卓有成效的沟通，注重应用和实践。

关于三剑客工具的应用

认识极简沟通的关键工具，并不等于这些工具会在沟通的时候，主动替你创造出有效的沟通。只有应用这些工具，你才能够得到自己满意的沟通结果。因此关于极简沟通三剑客，我们还需要认识它们是如何应用的。前面我们花了很多的时间探讨，这些工具是如何被创造的。对于每个沟通者来说，你最关心的或许是如何应用工具。应用工具才能够真正地让工具为我们创造价值。比如，你有一辆汽车，你不懂得如何驾驶它，那么你无法让这辆汽车带你到自己想去的地方。

◎ 工具的两种应用方式

极简沟通三剑客，存在两种不同的应用方式。基于工具本身的应用和基于场景的应用。它们最大的差异体现在两个方面，首先是应用的出发点不同，其次是应用的范围不同。基于工具本身的应用，关注的是每个工具通过哪些途径创造价值，它是以工具本身为出发点的。主要有四种途径，分别：是提醒、定位、激励和指导，这些途径是针对于每个工具而进行的。基于场景的应用，从沟通者所面对的场景为出发点，关注的是在不同的沟通场景（家庭、职场或者社交……）中，这些工具如何被使用。这种应用方式主要通过极简沟通ACE系统来实现，可以将它看作针对于全部工具的整体应用。下面我们分别认识它们。

◎ 基于工具本身的应用

极简沟通三剑客的每个工具，都可以通过提醒、定位、激励和指导的途径，为沟通者创造价值，如图3-2所示。

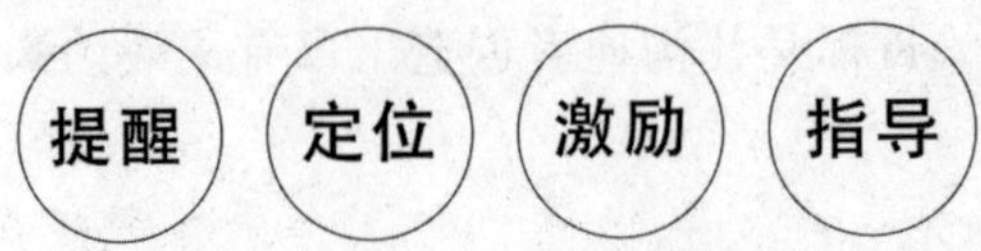

图 1-3-2　三剑客工具价值创造途径

提醒：是让你想起来已经忘掉的事情，或者让你对一些事情特别留意。之所以需要提醒，是因为我们无法始终记住所有的事情，有时候也容易被一些细节干扰，提醒可以让我们注意到这些。比如，闹钟通过发出声音，让我们知道自己设定的某个时间到了。极简沟通三剑客的每个工具，都可以在沟通中通过提醒的途径创造价值。

定位：是让自己知道当前所处的具体位置，或明确现状。之所以需要定位，是因为我们容易迷失在某个情境中，无法对当前的位置和现状拥有客观准确的认知。我们需要一个工具，为我们提供准确的反馈，以明确真实现状。比如，不管你在什么地方，你都可以通过GPS了解自己当前所处的位置。极简沟通三剑客的每个工具，都可以在沟通中通过定位的途径创造价值。

激励：是提供动力让你保持相应的行为。人们做出某些行为的动力，经常会逐渐消失。如果没有动力，就意味着我们不会采取相应的行动，自然难以得到某个结果。激励让自己变得更有动力。比如，奖杯所代表的荣誉，使球队拥有更强的动力在比赛中拼搏。极简沟通三剑客的每个工具，都可以在沟通中通过激励的途径创造价值。

指导：是引导你按照某个步骤得到相应的结果。很少有人可以在任何时候，都知道如何得到结果，如果你没有时间和精力去独自探索，那么依靠他人的指导则可以快速地得到结果。比如导航仪，在陌生的环境中，只要设定终点，它会不断地指导你按照正确的路线行驶。极简沟通三剑客的每个工具，都可以在沟通中通过指导的途径创造价值。

◎ 极简沟通 ACE 系统

对大多数沟通者而言，他们的问题是在面对一个具体的沟通场景时，如何利用工具创造价值。比如，你需要跟爱人就某件事情谈一谈，这时候你希望极简沟通的工具能够帮上忙。基于场景的应用就针对的是这种情况。ACE系统你可以把它看作一个桥，会将沟通的场景和极简沟通三剑客连接起来，同时也可以将它看作极简沟通三剑客的"指挥官"，它会从整体的角度，让你选择性地应用极简沟通的工具。这里的ACE，是评估（Assess）、选择（Choose）和创建（Establish）三个英文单词的首字母，它们代表的是沟通者在面对一个沟通时，应该完成的三个任务。在具体的沟通中，极简沟通三剑客的工具，会被融入这些任务里，帮助沟通者高概率地提升沟通成效，如图1–3–3所示。

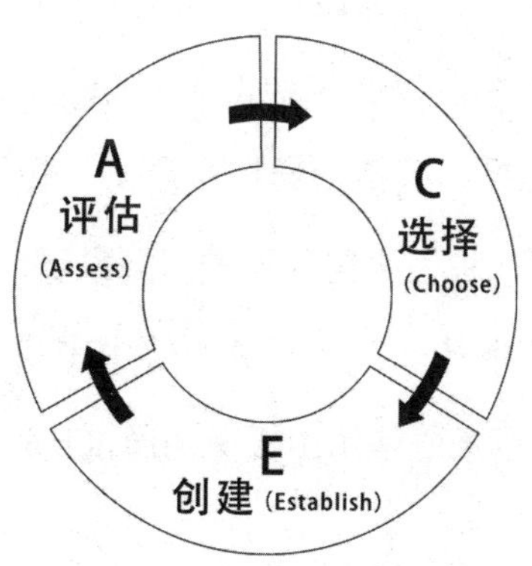

图 1–3–3　极简沟通 ACE 系统

不管是基于工具应用的四个价值创造途径，还是基于场景应用的极简沟通ACE系统，目前你要理解它们会比较困难。因为你对极简沟通的细节和更多的内容还缺乏了解。只有我们全面认识某个具体的工具后，我们才能够更好地了解它的应用。关于以上两种工具的应用方式，我会分别在书中不同的部分向大家介绍。其中基于工具应用的四个途径，我会分别在第二部分（极简沟通核心原则）、第三部分（极简沟通目标模型）、第四部分（极简沟通状态模型）介绍每个工具如何通过提醒、定位、激励和指导创造价值。而基于场景的应用，我会在本书的第五部分（极简沟通ACE系统）进行独立的介绍。

第一部分　小结

沟通塑造了我们的世界，如果你想得到更多的幸福和成功，那么你一定要重视自己和他人的每个沟通。两个秘诀可以将复杂的沟通化繁为简，让每个人都可以创造出富有成效的沟通，它们分别是聚焦本质和使用工具。在这两个秘诀的指引下，我们知道在和他人沟通时，应该关注自己所持有的信念、自己的沟通目标，以及沟通对象。为了能够在沟通中做得更好，我们认识了三个关键工具：极简沟通核心原则、极简沟通目标模型、极简沟通状态模型，我将它们称为极简沟通的“三剑客”。这些工具可以通过两种不同的方式使用，其中基于工具本身的使用主要有四种形式：提醒、定位、激励和指导，基于场景的使用由极简沟通ACE系统来实现。

第二部分

极简沟通核心原则

通过研究大量的沟通我发现：人们很多的沟通问题，都是由彼此所持有的信念所导致的。积极恰当的信念，让你拥有更多的机会创造出富有成效的沟通，而消极不恰当的信念，往往使你一次又一次地制造出糟糕的沟通。当某个沟通失败了之后，有的人会认为是他人的原因，有的人会认为是环境的原因，还有的人会认为是自己能力的原因。遗憾的是，很少有人能够意识到，是因为自己内心存在一些不恰当的信念。

当你改变了自己的信念，你也就改变了自己的行为。

——斯宾塞·约翰逊《谁动了我的奶酪》

第 4 章　信念与核心原则

沟通中被我们忽视的信念

前面我们已经知道信念，是第一个要在沟通中关注的重点。人们对信念可能会有不同的定义，比如对某人或某事信任、有信心或信赖的一种思想状态，或者人们所认为的事实，所持有的判断，内在的观点和看法。在这里我所说的信念是比较广义的定义，简单地说，就是在沟通中，你相信什么，或者认为什么是对的。信念是我们所有选择和行为的基础，当然一个人不只是有少数几个信念，而是同时会相信很多事情，这些相信的内容构成了我们认知的世界。当然在这些信念中，有些信念会比另一些信念具有更高的优先级。

◎ 信念和沟通的关系

在沟通过程中我们说出的话、采取的行动都会受到自己信念的影响。比如，汤姆看到妻子艾米回家时脸色不好，于是他对妻子说："今天的工作是不是遇到了困难？"汤姆之所以向妻子提出这样的疑问，并不是因为他了解妻子今天的工作情况，而是通过妻子的脸色得出了这个结论。

这个例子可以很好地说明，人们在说什么之前，会先在大脑当中产生一些想法和判断，这些想法和判断，他们并不会说出来，但这些想法和判断会影响他们表达的方向和内容。

信念对沟通的影响是巨大的，但人们在沟通的时候，并不会关注它，比如你从很多途径得到的沟通建议，都是教你怎么措辞和说话，应该表现出怎样的行为等，很少有人会告诉你在沟通中，应该持有怎样的信念和认知。

如果把信念和认知看作我们自身内在的部分，把语言行为看作对外展示的部分，那么大部分人则把精力都放在外部。遗憾的是，这些努力往往事倍功半。如果一个人内心的想法是自私邪恶的，那么他必然需要很努力地通过语言和行为，才能掩盖内心的真实想法，而且这种掩盖很容易让人感受到其中的虚假。

◎ 人们为什么总忽视信念

既然信念在沟通中非常重要，但为什么我们总是会忽视它呢？之所以出现这个结果，主要是以下两个原因：

首先，很多人没有在心里认为信念是重要的，他们不了解信念在沟通中如何发挥作用，以为信念是无关紧要的。比如，我们都知道氧气是维持人类生存的必要条件，但在人们没有发现氧气之前，虽然氧气创造着巨大的价值，但没有人会认为氧气是重要的。

其次，人们在沟通中，直接注意到的是彼此说出的话和做出的行为。往往会重点探讨说了什么、做了什么等。对这些语言和行为背后的想法和假设，并不太重视。只有当你分配注意力去觉察它们的时候，这些语言和行为背后的想法和假设才会被发现。比如，一个男生问某个女生为什么不留长发，显然他不会问另一位男生同样的问题，因为这个问题包含着他对性别特征的一些固有判断。

信念对沟通的结果拥有重要的影响力，是我们在沟通中不应该忽视的部分，只有你在沟通中重视自己所持有的信念，你才能够及时地觉察到它们，避免不恰当的信念阻碍你获得沟通的结果。

沟通中的不恰当信念

你能意识到信念的重要性，愿意在沟通的时候关注信念，是一个非常好的开始。当然光有重视和关注还不够，我们还需要对信念本身拥有更多的认识。当我们在谈论信念的时候，并不仅仅在说某一个信念，而是全部的信念，它们可能是恰当的，也可能是不恰当的。如果我们希望得到有效的沟通，那么我们就应该持有更多恰当的信念。

◎ 信念的判断

那些能够帮助我们得到理想沟通结果的信念是恰当的，相反那些在沟通中会干扰我们得到理想结果的信念，我称它们为不恰当的信念。这里使用恰当与不恰当的分类，而不是选择正确与错误的分类，是因为用对错来定义信念会存在问题。有时候某些信念或许是正确的，但并不一定在沟通中是恰当的。比如，沟通中有的人会认为“沟通的价值有限”这个观点本身没有什么问题，沟通的确不是万能的，但是当一个人在沟通的时候总是这样想，这会让他轻易地放弃用沟通争取结果的可能。

◎ 关于信念的识别

认识信念的恰当与不恰当定义之后，我们应该开始培养一种能力，那就是能够在沟通中识别出哪些信念是恰当的，哪些信念是不恰当的。而识别它们的关键是了解不同的信念会将沟通带向哪个方向。那些将沟通带入困境或让彼此的对话变得剑拔弩张的信念可能是不恰当的信念。面对不恰当的信念，我们的最好选择是及时觉察到它们，并主动调整和改变它们，避免给沟通带来糟糕的影响。

◎ 四种陷阱式信念

每个人在沟通的时候，所持有的想法和信念都非常多，我们无法对所有的信念进行识别和检查。过去，我给很多人提供沟通教练辅导的过程中，逐渐发现了四种高频率出现的不恰当信念。我将它们称为“陷阱式信念”，它们分别是：彼此是不平等的、沟通没有意义、他人导致了自己的情绪、别人必须听我的。

彼此是不平等的：很多人在沟通中都会持有一种看法，认为彼此是不一样重要的，有可能是觉得自己比他人重要，也可能是认为他人比自己更重要。沟通者不能平等地看待自己和他人，是第一种陷阱式信念的主要特征。很多人在沟通中，都会拥有这种信念，它很容易制造出有问题的沟通。要么只关注自己，表现得很自私、自我；要么总是忽视自己的需要，一味地取悦和满足他人。

沟通没有意义：虽然沟通并不是万能的，但沟通没有意义这样的认知，是非常消极的。在这种信念的指引下，沟通者往往不会选择通过沟通解决问题，要么强迫他人，要么沉默和逃避，这些选择会导致人们之间的分歧和冲突变得更大。对于沟通者来说，只要有这样消极被动的信念，不管他掌握多少沟通技巧和方法，都不可能创造出理想的沟通结果。

他人导致了自己的情绪：沟通的时候出现糟糕的情绪体验是很常见的，每当这个时候，很多人会认为他人就是自己情绪的凶手，于是把自己情绪的责任全部推给他人。如果你持有这样的信念，内心就会充满怨恨，认为自己是受害者，从而表现出强烈的攻击性，希望通过惩罚他人来获得一种公平感。

别人必须听我的：人们在沟通中存在分歧和观点差异是非常普遍的，面对这种情况，有些人会坚信别人应该听自己的。存在这种陷阱式信念的沟通者，倾向于把自己的想法和要求强加在他人身上，无法接受和容忍他人拥有不同的观点，他们的理由可能是“我为你好”，但别人往往并不会这么认为，大部分时候替他人做决定只会让沟通变得更糟糕。

在沟通中不恰当的信念可能有几十甚至上百种，我们首先应该关注的是以上四种陷阱式信念：彼此是不平等的、沟通没有意义、他人导致了自己的情绪、别人必须听我的。人们在沟通中持有陷阱式的信念，是导致他们创造出糟糕的沟通结果的主要原因。当认识到这些陷阱式信念所导致的危害后，我们接下来就需要努力地避免自己持有这些信念。

极简沟通核心原则的建立

沟通的时候，人们很容易持有陷阱式信念，它们阻碍个人创造出满意的沟通结果。为了得到更好的沟通结果，我们应该在沟通中持有恰当的信念。因此，避免自己在沟通中持有陷阱式信念，是一个非常重要的问题。

◎ 注意力的转变

如果你不想要某个结果出现，最好是表达出你想要的，这是对我产生重要影响的一个观点。大部分人总是在表达自己不想要什么，很少有人表达自己想要什么。将“不要战争”换成“希望和平”，将“不要紧张”换成“身体放松”，具有重要的意义。虽然它们的含义都是相似的，但前者会引导我们注意到糟糕的事物和状态，而后者可以让我们感受更好。因此，当我们想要避免陷阱式信念的时候，我们应该努力追求与之对应的恰当信念。

◎ 原则让一切变得更好

原则是人们做出判断或者采取行动所依据的准则和标准。如果没有原则，为了做出正确的判断和行为，我们往往需要衡量利弊得失，这个过程比较复杂并会耗费大量时间。显然原则可以简化这一切，它不需要我们在衡量利弊得失的情况下，就快速地做出判断和行动。原则为什么拥有这样的能力呢？因为原则代表的是行为准则，它的存在意义不是为了解释原因，而是要求你执行，因此原则让选择变得简单。与陷阱式信念所对应的是更恰当的信念，我们可以将它们确定为沟通的原则。

◎ 核心原则的构成

为了帮助沟通者拥有恰当的信念，我发展出了极简沟通的第一个关键工具：极简沟通核心原则。具体由四条原则构成，它们是：平衡原则、路径原则、主体原则和权益原则。这些原则所对应的信念与4种陷阱式信念完全相反，如图2-4-1所示。

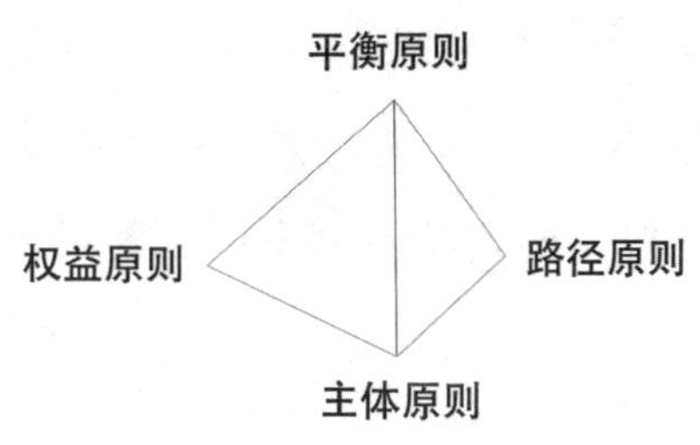

图 2-4-1　极简沟通核心原则

平衡原则所对应的信念是我们都很重要。它要求我们平等地看待自己和他人，明确自己和沟通对象同样重要，有意识地关注他人的需要，不把自己的需要凌驾在他人之上。相比于他人的需要，人们会本能地重视自己的需要，认为自己的需要具有更高的优先级。这种倾向由来以久，对我们的祖先来说，优先重视自己可以让他们在残酷的竞争中，获得生存机会。但这在当前的社会中，只会导致更多的冲突，相反我们需要与他人协作共同完成很多事情，共赢才是最好的方案。

路径原则所对应的信念是坚持沟通的选择。它要求我们在不同的场景中，都愿意将沟通当作优先的选择。只要存在沟通的可能性，就不要轻易放弃沟通解决问题的途径。人们彼此相处中出现问题，最好的方式是对问题进行沟通。主动地与他人进行沟通，虽然不能保证问题就会立即解决，但可以提升问题被解决的概率，从而避免为彼此带来更大的损失。坚持沟通的选择，不仅仅在他人有沟通意愿的时候，在他人没有沟通意愿的时候，具体表现为愿意耐心等待。

主体原则所对应的信念是为自己的情绪负责。要求我们在沟通中，出现某些情绪时，明确自己是情绪的主人，愿意主动采取行动，调整自己的情绪，不把情绪的责任，推到他人身上。我们的情绪的确会受到他人语言和行为的影响，但他人不是我们出现某些情绪的唯一决定者。每个人均有能力决定自己是否要表现出某种情绪。比如，一位丈夫很生气，正在和妻子吵架，情绪很激动，有人敲门，原来是自己的领导找自己有些事，这时候他迅速调整情绪开门并把领导邀请到家里。案例中丈夫情绪的变化，可以告诉我们：人们有能力让自己的情绪发生改变，关键在于是否真的愿意做出改变。

权益原则所对应的信念是尊重对方的选择。当对方拥有做出选择的权利时，不管对方做的选择是否和自己的选择一致，是否满足自己的期待，都愿意尊重对方的选择。尊重对方的选择，并不等于赞同对方的选择，而是明确对方拥有选择的权利。在和他人沟通的时候，如果你认为对方的选择是错误的，你可以告诉对方你的看法，并通过分享更多信息，帮助对方做出更好的选择，而不是强迫对方一定要做出你坚持的选择。

◎ 为什么只有四条原则

或许有的人会担心，四条原则太少，认为更多的原则能够更好地帮助我们沟通。极简沟通核心原则之所以是四条，首先是因为它对应了四种陷阱式信念：彼此是不平等的、沟通没有意义、他人导致了自己的情绪、别人必须听我的。其次是创造更多原则的想法，很容易让我们陷入复杂的困境中。如果是10条原则，恐怕大多数人都无法快速地在沟通中回忆起它们。极简沟通核心原则是第一个关键工具，自身应该践行简洁的理念。

极简沟通核心原则，让沟通者对信念的关注不仅仅停留在认知层面，而是提供工具支持他们在沟通中真正拥有积极、恰当的信念。因此，极简沟通核心原则，能够提高我们创造满意沟通结果的概率。本书的下一章，我们会一起探索每一条具体的原则。

恋爱是戴着眼镜看东西的，会把黄铜看成金子，贫穷看成富有，眼睛里的斑点看成珍珠。

——塞万提斯《堂吉诃德》

第 5 章　探索极简沟通核心原则

极简沟通平衡原则

平衡原则所对应的信念是我们都很重要，任何沟通都存在两个或两个以上的沟通者，当你进行一个沟通的时候，你该如何看待你和沟通对象的关系呢？有的人把自己放在一个比他人更高的位置，认为自己是唯一重要的，他人不值得自己重视。与此相反，另一些人把自己放在比沟通对象更低的位置，认为他人的一切都是更重要的，遇到分歧的时候倾向于牺牲自己的权益来取悦对方。

这两种极端的认知都可能带给沟通干扰，阻碍你和他人建立有效的沟通。在以上两种情况下，沟通者不能平等地看待自己和他人，没有让彼此的关系处于平衡状态，这也是我为什么将它命名为平衡原则的原因。平衡原则要求我们在沟通的时候平等地看待自己和沟通对象。

◎ 为什么需要平衡原则

平衡原则的价值体现在，当我们和他人出现分歧、对立、冲突的时候，它能够及时纠正我们只关注自我的倾向，同时能够关注他人的需求和利益，在彼此关系失衡的时候，主动做出调整。人类进化的历程经过了残酷的自然选择，每个人为了获得生存的机会，都需要保护自己，在乎自己的利益。但如果每个人都这么做，那么彼此就难以建立合作，得到的只会是双输的结果。因此，真实的世界里个体之间不但有自私和掠夺，同时还有大量的利他和奉献行为。利他和奉献更有助于人与人之间的协作，利他也是一种重要的利己。从自私、掠夺到利他和奉献，个体经历的巨大转变就是：把对方放到了一个跟自己同样的位置，注重自己利益的同时，也开始关注他人的利益。

◎ 平衡原则与贡献无关

面对平衡原则，或许你会说在完成某个任务中，对方本来就不重要，属于任务中无关紧要的人，如果把他们定义为重要的人，会不会降低那些真正贡献者的价值。平衡原则并不否定在完成某个任务中，人们的付出会存在差异的事实。在某个具体的任务中也许个人做出的贡献有高有低，但只要参加任务，那些贡献少的人也是贡献者。因此，将他们看作重要的，并没有问题。比如，一个总裁和公司的保洁员，他们为公司创造的价值必然存在巨大的差异，如果总裁要和保洁员进行一个沟通，他认为仅仅只有自己是重要的，显然不妥。如果他认为，彼此都是重要的，那么更可能创造出好的沟通结果，其表现也能够获得人们的欢迎和赞美。

◎ 平衡原则与竞争无关

工作中，人们之间必然存在大量冲突和竞争，有时候彼此的目标完全是对立的。在这样的情况下，平衡原则还有存在的必要吗？平衡原则与竞争无关。目标不同并不能说明他人就不重要，那些善于解决冲突或竞争中的胜利者，都拥有一个共同的特征，他们非常重视“对手”。比如一个运动员，比赛前他可能会认真地研究对手，了解他们的战术和风格，这些行为体现的正是对竞争对手的重视。这些重视是让他们赢得比赛的重要原因之一。

◎ 平衡原则与他人无关

我们所面对的每个沟通对象并不都是理性友好的。你在乎沟通对象，愿意平等地看待彼此，但是对方可能不在乎你，认为你不重要。这个时候很多人会放弃平衡原则。平衡原则所说的“平衡”是你要努力去创造的，与他人是否坚持平衡原则无关。相反，在你们彼此的沟通中，会因为你能够兼顾到彼此的利益，而让自己处于有利的位置。

◎ 如何更好地践行平衡原则

准确全面地认识平衡原则虽然重要，但让平衡原则融入你的每个沟通中，是你最应该关注的。以下3个建议，可以让你更好地践行平衡原则：

1. 你应该完全理解平衡原则，了解平衡原则到底指的是什么，为什么重要，以及它如何帮助我们提升沟通成功的概率。如果你对这些问题并不了解，那么你一定难以让平衡原则融入自己的沟通中。

2. 为了让平衡原则融入每个沟通，你应该进行更多的练习。沟通是一种实践，不会因为你知道了什么而快速提升，相反需要通过重复和练习，让它融入你的行为习惯中。没有练习，渴望在每个沟通中都能够坚持平衡原则，是难以实现的。

3. 你还应该对平衡原则的实践进行反思，并不是在每个沟通中，你都能够把自己和他人看得同样重要。或许经常会出现偏差，只要你愿意反思，那么你就可以发现需要调整和改善的地方。

极简沟通路径原则

路径原则所对应的信念是坚持沟通的选择，对每一个沟通者来说，任何一个沟通场景中，都存在两个选项，你可以选择与对方沟通，也可以选择不与对方沟通。不同的选择会带来截然不同的结果。有些人总是倾向于选择不与他人沟通，他们最常说的话可能是沟通没有意义。这样的沟通者，不管他们掌握了多少沟通方法和工具，他们都无法成为一个善于沟通的人。

因为他们没有机会，将自己掌握的方法和工具，用来创造卓有成效的沟通。坚持沟通的选择意味着愿意付出努力，对通过沟通解决问题这条路径拥有强烈的信心，这就是我将它称为路径原则的原因。

◎ 为什么需要路径原则

虽然沟通并不是解决问题的唯一路径，或许还存在其他不同的路径，但大部分时候，沟通都是更好的路径。路径原则让我们不轻易放弃用沟通解决问题的机会。很多人在沟通的时候总是显得犹豫不决，虽然他们在与别人沟通，但又怀疑沟通的意义，既希望能够证明沟通是有意义的，又害怕沟通浪费时间。不是每个时刻，我们都能够轻松证明沟通的意义，如果你表现得犹豫不决，自然无法全力以赴地进行沟通。当沟通遇到阻力，出现困境的时候，你很可能会提前放弃，并告诉自己沟通没有意义。拥有路径原则的人，不会怀疑沟通的意义和价值，能够全力以赴地面对每个沟通。

◎ 路径原则与对方的意愿无关

面对路径原则，人们最容易产生的疑问是：如果对方没有沟通的意愿，拒绝沟通，我们还有必要坚持沟通吗？如果仅仅因为沟通对象没有沟通的意愿，你就放弃沟通这将错过通过沟通解决问题的机会。对方此刻没有沟通的意愿，不代表另一个时间同样没有沟通的意愿。一旦放弃沟通，那么当对方拥有沟通意愿时，你便是那个没有沟通意愿的人。在生活和工作中，沟通对象没有沟通意愿的情况非常普遍。这时候你需要更多耐心，或者做出努力让对方拥有沟通的意愿，当然路径原则不是让你在对方没有意愿的时候死缠烂打，给他人造成骚扰。这样的方式，只会让他人更没有沟通的意愿。

◎ 路径原则是更好的选项

也许有的人会说，一定存在某些情境，沟通是浪费时间的，在这样的情境中，坚持沟通选择，会显得非常愚蠢。或许真有这样的场景，但是在没有沟通之前，没有人能够做出准确的判断。坚持沟通的选择并不愚蠢，相反是智慧的选择。很多人认为的有效方式，或许指的是强迫和妥协。这两种方式即使可以快速地解决问题，但绝不应该是我们优先考虑的选项。通过权威或暴力让他人接受你的要求，是很多人非常迷恋的方式。这种方式存在巨大的风险，首先它很容易引发他人的抵触和反抗，其次即使对方迫于无奈接受了你的要求，也不是发自肺腑的，难以全力以赴地去执行。至于妥协和让步，有时候这种选项可以避免冲突，但往往也意味着积压和隐藏问题，双方一团和气的背后可能包含着巨大的风险。

◎ **如何更好地践行路径原则？**

将路径原则变成自己和他人沟通中自然的选项，是每个人都需要努力的方向，以下3个建议可以让你更好地做到这一切。①你必须认同并接纳路径原则，明确自己虽然有选择不沟通的权利，但仍然愿意坚持沟通的选项，即使沟通充满阻力难以推进。②对路径原则不仅仅停留在认知的层面，你还应该在每个沟通中练习和实践它，很多时候人们知道应该坚持沟通的选择，但往往总是放弃沟通，练习可以让自己更容易做到路径原则。③你要对自己的应用和实践保持耐心，如果遇到了阻碍，也不要急于否定自己，反思应用的过程，让自己逐步实现改变。

极简沟通主体原则

主体原则所对应的信念是为自己的情绪负责。具体表现为：沟通中不管情绪是如何产生的，都坚持自己为情绪的结果负责，不要求他人替自己的情绪承担责任。他人对我们的情绪影响无处不在，沟通中大部分人都会默认对方的语言和行为，完全决定了自己的情绪感受。于是会说：你让我很开心，或者你让我很愤怒。其实影响并不代表直接决定。他人的语言和行为，或许是你产生某些情绪的原因之一，但不是唯一的原因。

他人的语言和行为是一个“事件”，我们对这些“事件”的看法，决定着我们的情绪感受。为什么面对同样的行为，有人一笑了之，而有人愤愤不平，原因就是这两个人对这个行为所持有的看法不同。我们对外界环境的掌控是有限的，但对自己如何看待一些事情是拥有选择权的。他人并不是我们情绪唯一的制造者，我们自己也参与了情绪的创造，我们自己才是情绪的主体。这是我把这个原则称为主体原则的原因。

◎ 为什么需要主体原则？

沟通中他人的语言和行为，经常会影响到我们的情绪。面对这种情况，主体原则可以避免我们使用糟糕的方式回应对方。很多人把沟通中自己出现的糟糕情绪，看作他人对自己的伤害，因此渴望对方为此承担责任。在这样想法的影响下，认为只有惩罚对方才会显得公平。于是他们在接下来的沟通中，非常具有攻击性，让沟通陷入更糟糕的状态。如果你认为应该为自己的情绪负责，那么你就不会轻易把自己看作受害者，也就不会通过攻击来寻求内心的公平感。相反你会把注意力放在如何调整自己的情绪上，这非常有助于获得满意的沟通结果。

◎ 主体原则不是忍气吞声

关于主体原则，或许你会存在这样的疑问：如果别人侵犯了自己的权益，或者违反了承诺，难道依然要为自己的情绪负责吗？之所以会产生这样的疑问，是因为：很多人都觉得，面对这种情况应该用情绪惩罚对方。虽然情绪被经常当作惩罚他人的手段，但这种手段往往是缺乏效果的。比如，你因为对方的过错而大发雷霆，仅仅是表达了你很生气这个信息，但这并不是惩罚。他人很可能不会因为你的情绪而感到痛苦，相反你会被自己的情绪所困，与其说是为了惩罚对方，不如说你在通过情绪惩罚自己。如果他人侵犯了你的权益，或者违反了承诺，你应该让对方纠正自己的行为或要求对方承担相应的后果，但绝不是独自宣泄情绪。

◎ 主体原则并不会让你更累

很多人可能会拒绝主体原则，因为他们担心，为自己的情绪负责会让自己很累。为某件事情负责，往往意味着自己需要做更多的事情，或者承担更多的责任，于是内心会产生一种压力感。如果你认为多一事不如少一事，可能觉得不为自己的情绪负责，会让自己更轻松。但遗憾的是，现实与这些想法完全不同。当你产生糟糕的情绪体验时，为自己的情绪负责，意味着你会主动调整和处理情绪，这种行动会让你更快速地从糟糕的情绪状态中走出来。如果不为自己的情绪负责，你会倾向于让他人来解决你的情绪，如果他人没有这么做，你会产生更多的情绪，因此会被情绪所累。虽然为自己的情绪负责，看似要多做一些事情，但实际会让你更轻松。

◎ 如何更好地践行主体原则？

如何让主体原则真正深入自己的沟通中呢？这个问题是每个人都需要重视的。认识主体原则的目标，不仅仅要知道它是什么，而且还需要让它帮助自己提升沟通成功的概率。为了更好地践行主体原则，你应该遵循以下3个建议：

1. 提升自己对主体原则的理解。不仅仅是对主体原则，关于前面的平衡原则和路径原则，我始终在讲理解和接纳的意义。要让这些信念，真正融入自己的每个沟通中，理解是一个重要的前提。如果没有理解和接纳，你一定不会在沟通中践行这些原则。就主体原则而言，你还是会将情绪的责任推给他人。

2. 主动在每个沟通中应用。在认知上接受为什么要为自己的情绪负责相对容易，但要在每个沟通中做到主体原则非常不容易，因为在实际的应用中你会遇到很多真实的挑战。改变这一切的最好方式就是练习和应用，当你这么做的时候改变会逐渐发生。

3.不断地总结和反思。每个人在践行主体原则的过程中，都会有自己独特的问题，面对出现的问题，你需要总结和反思，了解为什么会存在问题。没有总结和反思，只有练习，也难以得到更好的结果。

极简沟通权益原则

权益原则所对应的信念是尊重对方的选择。在一件事情中人们的期待并不总是一致，经常存在很大的不同。这些期待的不同，会导致选择的巨大差异。我们该如何面对与自己完全不同的选择呢？并不是所有人都能够尊重对方的选择，很多人只在乎自己想要的选择，如果他人的选择和自己不一致，则无法接受。而理想的状态是：只要对方拥有独自做出选择的权利，不管对方的选择如何，我们都应该对他人的选择保持尊重。

当然，尊重对方的选择不代表完全赞同这些选择。如果你认为对方的选择不够好，你可以影响或者帮助对方做出更好的选择，但如果对方依然坚持自己的选择，即使你不赞同，也应该用包容的态度看待它们。侵犯他人的权益，只会引发他人强烈的抵触和对抗。这是我将这条原则称为权益原则的原因。

◎ 为什么权益原则很重要

我发现在沟通中，有些人对分歧和冲突很敏感，包容性特别低。只要双方的选择存在差异，就倾向于强迫对方改变选择。权益原则就是尊重对方的选择，这样可以帮助我们在面对这样的沟通场景时，避免掉入以上的行为模式里。沟通中，很多人总是执着于改变，忽视他人拥有选择的权利这个事实。因此“我不同意你的观点，但我捍卫你说话的权利”经常被人们称为绅士和修养的体现。我们需要明白：沟通的过程中，希望他人总是和自己拥有一致的选择，这只是个美好的愿望。大部分时候，你都需要面对大量分歧这个现实。如果不给对方选择必要的尊重，那么你们就会陷入破坏性的冲突中，失去两个人达成共识的可能性。

◎ **权益原则并不会减弱影响力**

面对权益原则，你或许会存在一种担心：存在分歧的情况下，尊重对方的选择是否就等于提前放弃了自己的影响力。事实上尊重他人的选择，不但不会减弱你的影响力，反而会提升你的影响力。在人与人的相处中，你之所以能够影响他人，是因为他人愿意让你影响。比如，你的朋友给了你一个建议，你接受了它。在这个互动中，看起来你的朋友影响了你，但这一切均建立在你接受对方建议的前提下，如果你一开始就拒绝了对方的建议，那么对方也就无法影响到你。

因此，对方之所以能够影响你，是因为你愿意让他影响。很多人忽视了这一点，以为自己单方面能够带给他人影响。尊重对方的选择，不代表你就不能提出其他的建议，如果你认为某个选择更好，你完全可以向对方分享你的看法。没有强迫的自然分享，往往更有影响力，因为它不会激发对方抵触的心理。尊重对方的选择，可以让沟通处在一种安全的背景当中，从而高概率地影响他人的选择。

◎ **权益原则与维护自我权益不冲突**

权益原则告诉我们，他人如果拥有做出选择的权益，我们应该努力尊重对方的权益。有时候它可能会带给你困扰。比如，当对方使用谩骂或者非常糟糕的方式对待自己的时候，还需要尊重对方的选择吗？的确，这是一种非常棘手的情境，意味着我们的权益和对方的权益出现了冲突。或许你还记得我们前面的平衡原则（我们都重要），尊重对方的选择，不等于默认他人可以向你施加伤害，他人也没有权利伤害你。因此，他人如果伤害到你，你完全可以立即做出回应，制止对方的伤害持续发生。只不过最佳的方式，并不是以暴制暴。在面对谩骂和攻击时，很多人会立即采取同样的方式，觉得这是一个非常合理公平的回应。但遗憾的是，以暴制暴的方式只会导致矛盾升级，使彼此陷入争吵，从而浪费大量的时间。任何一种情境中，不仅仅存在谩骂和攻击这一种选择，一定还有其他更好的途径，主动地寻找更安全、更恰当的途径，是我们必须做的事情。

◎ 如何更好地践行权益原则?

如何更好地践行权益原则，让它成为自己和他人沟通的一部分，这是我们最后需要关注的一个问题。下面我会给你3个建议，让你能够更好地实现这个目标。

1. 接纳权益原则的建议。关于权益原则，你不仅仅需要知道它要求你在沟通中怎么做，还要相信它的意义，并愿意让它存在于自己的每个沟通中。我们和他人的冲突无处不在，如果你不接纳和认同权益原则，那么你必然会花大量时间与别人战斗。

2. 在沟通中不断尝试和练习。很多人认同权益原则本身，但自己在和他人沟通的时候，还是非常想改变对方。这个问题不仅仅发生在践行权益原则的时候，还发生在践行其他原则的过程中。改变这种现状的唯一方法是不断尝试和练习。没有人一开始就可以做得很好，都是在不断地实践和练习中得到了成长。

3. 反思和复盘每个沟通。关于反思的重要性，前面我已经多次提到。尊重他人的选择，在实际的践行中，可能会存在很多冲突。面对这些冲突反思，复盘自己的沟通过程，显然会让你得到更大的提升机会。

信仰不是一种学问，信仰是一种行为；它只在被实践的时候，才有意义。

——罗曼·罗兰《名人传》

第 6 章　应用和实践极简沟通核心原则

核心原则创造价值的基本途径

面对极简沟通核心原则，你可能会有这样的疑问：这个工具该如何使用呢？显然了解工具和使用工具比起来，我们更在乎后者，因为工具通过使用才会创造价值。在本书的第一部分，我就跟大家介绍过极简沟通三剑客：核心原则、目标模型、状态模型，它们存在两种不同的应用方式，基于工具本身的应用和基于场景的应用。这里我会详细地介绍极简沟通核心原则，如何通过提醒、定位、激励和指导的途径，帮助你创造出富有成效的沟通。在介绍这些应用之前，我们首先需要明确关于工具本身的应用，是将极简沟通核心原则看作一个整体，而不是对核心原则中的某个具体原则进行探讨。

◎ 极简沟通核心原则的提醒

提醒指的是极简沟通核心原则让我们注意到一些重要的事情，使其从无意识变得有意识，发挥类似于闹钟的作用。在我们和他人沟通的时候，核心原则的提醒主要体现在两个方面：

1. 极简沟通核心原则提醒你在沟通的时候，主动检查自己的信念。当你掌握极简沟通核心原则时，这个价值创造途径就会自然发挥作用。

2. 当出现某些习惯性行为模式的时候，极简沟通核心原则会提醒你进行改变。比如，你现在因为对方的一句话很愤怒，这个时候主体原则就会出现在你的脑海中，提醒你应该为自己的情绪负责。

◎ 极简沟通核心原则的定位

定位指的是极简沟通核心原则通过提供标准，帮助你客观准确地认识现状，类似于GPS所发挥的作用。在我们和他人沟通的时候，极简沟通核心原则的定位主要体现在以下方面：

1. 让我们从众多自己持有的信念中，将注意力聚焦于四种陷阱式信念。每个人在沟通中存在很多种信念，要判断哪些信念是恰当的，哪些信念是不恰当的，本身是非常难的事情。极简沟通核心原则，可以让我们在沟通中避免持有4种陷阱式信念。

2. 极简沟通核心原则，给了我们一个判断标准，通过对比核心原则的要求与自己实际所持有的信念，发现自己的不恰当信念。如果没有这个判断标准，沟通者很难发现自己在和他人的对话中所持有的不恰当信念。无法发现，自然也就难以做出调整和改变。

◎ 极简沟通核心原则的激励

激励指的是极简沟通核心原则让你在沟通中拥有更多动力，朝着某个方向努力，发挥类似于奖杯的作用。在我们和他人的沟通中，极简沟通核心原则对你的激励，主要体现在以下两个方面：

1. 提升你主动改变不恰当信念的意愿。大部分沟通者掌握极简沟通核心原则后，都愿意在沟通的过程中，努力恪守核心原则，并改变自己持有的不恰当信念。之所以会有这个结果，是因为他们比那些没有掌握极简沟通核心原则的人，更明白陷阱式的信念会带给沟通的破坏性影响。

2. 可以让你拥有更多的耐心，努力得到恰当的信念。在没有掌握极简沟通核心原则之前，很多人对恰当的信念缺乏了解，也不会努力持有恰当的信念。核心原则的出现让很多人拥有了目标，即使有时候在沟通中会遇到一些阻力，但目标的存在，能够让他们更坚定地在沟通中追求恰当的信念。

◎ 极简沟通核心原则的指导

指导指的是极简沟通核心原则为你提供建议，让你朝着正确的方向行动，发挥类似于导航仪的作用。在沟通中极简沟通核心原则对你的指导具体体现在：让你高概率地做出正确的选择方面。我们在沟通的过程中，会面临很多选择。比如在某些情境中，你要决定是否和对方沟通。拥有路径原则，你不用权衡利弊，就可以快速地做出决定。而且这个决定要比你权衡利弊后做出的决定，往往更好。还比如在某个沟通中，你产生了强烈的负向情绪，你可以把它看作他人的过错，要求对方为你的情绪负责，你也可以主动为自己的情绪负责，处理并调整自己的情绪状态。因为你拥有主体原则，你会选择后者。

我们在探讨核心原则创造价值的时候，会把它作为一个整体的工具，但这并不代表在实际的沟通中，四个具体原则共同存在，才能创造价值。某个原则单独也可以实现价值的创造，比如平衡原则，可以提醒你保持恰当的信念，明确彼此都是重要的。极简沟通核心原则在沟通中创造价值，可以是你主动使用工具，也可以是工具自动被激发。比如，你在和某个人沟通时，提醒自己：为自己的情绪负责，这时候属于主动使用工具。家人的一句话让你很难过，主体原则在大脑中提醒你：为自己的情绪负责。这种情况就属于被自动激发。

对极简沟通核心原则的常见误解

你所认为的未必是正确的，这是一个非常重要的忠告。不管是工作还是生活中，只有当你愿意质疑自己的认知时，你才会及时地发现错误，从而获得对事物的深刻理解。大部分人总是对自己所持的认知深信不疑，这会让他们错过很多发现认知偏差的机会。善于对自己的认知进行质疑，绝不是什么坏事，相反是更好地完成一些事情的重要保证。

关于极简沟通核心原则，前面你已经认识了它，但这些认识是准确的吗？过去我在帮助很多人掌握极简沟通核心原则的时候，发现总是会出现一些理解的偏差。或许你也存在以下这些误解。

◎ 误解一：极简沟通核心原则是对他人的要求

很多人把核心原则当作对他人的要求，这样的理解是错误的。核心原则是给自己的，并不是给他人的。我们应该在沟通中不断地告诫自己，并实践极简沟通核心原则，而不是把这些原则强加在他人身上。核心原则对应的是沟通中自己持有的信念，这些信念只有自己真的这样认为时才会拥有。比如就主体原则来说，如果你的语言和行为激怒了他人，然后你还要求对方为自己的情绪负责，这显然是不合理的，别人也未必会按照你说的去做。虽然极简沟通核心原则不是要求他人怎么做，但你依然可以向他人分享。可以告诉所有人为什么极简沟通核心原则是重要的，它可以在沟通中带来什么好处。当你的沟通对象也接纳极简沟通核心原则时，你们的沟通和对话会变得更有成效。

◎ 误解二：极简沟通核心原则是临时的工具

有些学习者把极简沟通核心原则看作一个偶尔使用一下的临时性工具。这个选择会减弱极简沟通核心原则所具有的价值。我们之所以拥有某个信念，是因为我们真的相信某个结果，这种相信会让我们坚定地去做些事情。如果你不相信某个结果，仅仅是因为可以在某个时刻得到好处，就临时让自己拥有核心原则，可能难以产生更好的结果。极简沟通核心原则所对应的信念，应该始终存在于你的认知中，把它们当作你努力的方向。只有这样，核心原则才可能时刻伴随着你，自然而然地为你创造价值。

◎ **误解三：极简沟通核心原则本身具有力量**

或许你会以为，极简沟通核心原则因为有着强大的力量，所以它才能够帮助你获得有效的沟通，这是对极简沟通核心原则的又一个误解。核心原则本身并没有力量，它仅仅是一个指令或要求，它所有的力量都源于你自己，因为你相信它的建议是有价值的，所以它才会拥有力量。忽视自己对核心原则的态度，又希望它在沟通中帮助你得到有效的沟通，这是不现实的。如果你仅仅是知道它，但不接纳它，它一定无法帮到你。比如，你知道平衡原则所对应的信念是我们都很重要，但你在某个沟通中并不这样想，觉得还是自己重要，那么平衡原则的价值就会被减弱。核心原则并不会自动帮你改变已有的看法，除非你自己愿意在它的提醒下做出改变。

◎ **误解四：极简沟通核心原则是绝对真理**

我们非常习惯于用对错的方式去评判一个事物。关于极简沟通核心原则，很多人也会这么做。比如，有人会非常执着于论证极简沟通核心原则是否绝对正确。如果这么做，就会走向一个错误的方向。四条具体原则对应于陷阱式信念，目的是避免或减少让我们在沟通的时候，掉入陷阱式信念的泥潭，但不是说它们是真理或绝对正确。它们存在的意义不是为了告诉你对错，而是让你明确得失。告诉你如果你这么做，可以从中得到什么；如果不这么做，可能会失去什么。它们即使不是普遍的真理，也不妨碍它们创造价值。在沟通的过程中，坚持极简沟通核心原则，会让沟通处在安全的状态，从而让你的沟通更有效。

以上四个对极简沟通的误解，是我在帮助很多人掌握极简沟通核心原则的过程中，遇到的常见的理解偏差。通过对这些误解的说明，我相信你对极简沟通核心原则的理解会变得更准确。或许你在沟通的过程中，还会出现关于极简沟通核心原则的其他误解。面对这种情况，你可以从我对前面这些误解的说明中获得启发，自己解决它们。

实践极简沟通核心原则

核心原则是极简沟通三剑客中，我们学习的第一个工具，针对于个人在沟通中所持有的信念，它可以让你用更好的状态，去创造每一个重要的沟通。所有的工具只有被使用，才能够创造价值，因此实践极简沟通核心原则，是你学习和掌握它的过程中，不可缺少的一部分。最近几年刻意练习，被越来越多的人认可，将它看作实现改变和促进学习成效的关键途径。关于极简沟通核心原则的实践，接下来我将给你布置一些刻意练习的任务。

玲玲的男友晓刚是一个十分自我的人，在生活和工作中都自视甚高，不把其他人的意见放到眼里，跟玲玲相处时也表现得非常自我。起初玲玲为了维持两人的关系，相处中总是让步，对晓刚提出的要求也总是努力满足。最近玲玲越来越觉得，自己在这份关系中太辛苦，很多时候自己的让步，会被晓刚看作是理所应当的。她非常希望改变这一切，但又害怕改变会让关系变得脆弱。有一次她试着提出自己的看法，但晓刚却不耐烦地告诉她："你懂什么？"于是，玲玲不再跟晓刚沟通目前关系的问题，但这始终让玲玲很苦恼，不知道是什么导致了这样的局面。

【练习任务】如果你是玲玲，现在你已经学习了极简沟通核心原则，你认为以上的问题，是由什么导致的，为了改变这种现状，你应该做些什么？

米娅的父母为米娅买了辆新车，米娅十分爱惜自己的车。某一天上班的路上，自己在正常行驶被他人的车追尾了。被撞车不但使自己无法按时到达公司，还让自己的爱车受到损伤，于是米娅感到非常愤怒，她下车跟撞自己车的人大吵了一架，她觉得只有这样做才能惩罚那个开车不长眼的司机。她非常怨恨让她产生这些情绪的司机，整整一天，米娅的情绪久久难以平复，她始终在抱怨，为什么自己这么倒霉！

【练习任务】假如你是米娅的同事，你已经掌握了极简沟通核心原则，你认为以上的案例中米娅存在哪些问题，她应该怎么做？

承泽是一家公司的高管，下班后承泽和妻子丽丽到一家西餐厅吃饭，今天是他们的结婚纪念日。点菜时丽丽告诉服务员自己要一份蔬菜沙拉，这令承泽很不开心，因为他觉得结婚纪念日是重要的日子，丽丽应该和自己一样点牛排，而不是随便点一份蔬菜沙拉。最终承泽坚持把妻子的蔬菜沙拉换成了牛排。上菜后承泽发现妻子有些不开心，便意识到自己可能犯了什么错误，可是又觉得自己没做错什么，把妻子的蔬菜沙拉换成牛排是为她好。面对这个场景，他有些困惑和郁闷。

【练习任务】你已经掌握了极简沟通核心原则，那么你能否告诉以上故事中的承泽，他哪里做错了，怎么做才能够更好地与妻子相处？

完成以上刻意练习的任务，可以让你更好地掌握核心原则的工具。如果你希望得到以上三个练习任务的标准答案。那么我需要告诉你，有的时候，沟通没有标准答案，只是一些方法比另一些方法，更能够得到理想的结果而已。

第二部分 小结

极简沟通核心原则，指引我们关注自己所持有的信念，它能够有效避免在沟通时不知不觉地持有四种陷阱式信念。平衡原则可以让你在沟通中平等地看待彼此，路径原则可以让你在任何沟通中成为一个主动的沟通者，主体原则可以让你主动承担情绪的责任，权益原则可以让你包容地看待他人不同的选择。这四条具体的核心原则，在你和他人沟通时，会通过提醒、定位、激励和指导的方式，帮助你提升创造有效沟通的概率。

第三部分

极简沟通目标模型

你在沟通的时候，如果忘记了自己的沟通目标，那么你一定会在无意识中，将沟通带到错误的方向。比如，很多人本想与他人合作快速解决问题，结果却花了大量的时间与对方争吵；本想与他人建立更好的关系，但却在沟通中说出了许多伤人的话，让彼此的关系变得更加糟糕。我们只有朝着正确的方向持续努力，才能够实现自己的沟通目标。而那些善于沟通的人，他们之所以能够始终坚持正确的目标，是因为他们善于抓住沟通的本质。

走得最慢的人，只要他不丧失目标，也比漫无目的地徘徊的人走得快。

——莱辛

第 7 章　极简沟通目标模型

沟通中的目标

目标为什么很重要呢？你可能听过很多。答案其实很简单，目标能够让你明确自己应该朝着哪个方向努力。因此不管你的目标是得到幸福，还是获得成功，我们都需要让自己拥有目标。虽然有目标不代表这些目标能够轻易实现，但显然要比没有目标的人，更容易取得成功。

◎ 目标对沟通的意义

沟通中关注目标的意义，主要体现在三个方面。首先，目标让自己更明确沟通的使命是什么。每个沟通都存在特定的使命，如果你想获得满意的沟通结果，那么你一定要了解这个使命本身。在沟通的时候我们很少问自己：为什么进行沟通？不了解沟通的使命，很容易让自己迷失在具体的沟通里，或者把沟通引向错误的方向。其次，目标决定着我们和他人沟通的内容。虽然两个人在沟通中可能会探讨任何话题，但实际的沟通中人们只会和对方探讨一部分内容，这部分内容就是由沟通的目标所决定，不同的目标指引着人们选择了不同的内容。最后，目标还是我们判断沟通是否有效的标准。没有目标，我们也就无法确定某个沟通到底是有效的，还是无效的。就像你走在马路上，要判断你走的方向是否正确。我们必须得知道终点在哪个方向。如果没有确定终点，你向任何方向前进都可能是错误的。因此探讨沟通有效性的时候，目标便是不可缺少的前提。

◎ 沟通中目标的特点

沟通中目标存在一些个性化的特征，认识这些特征是准确理解沟通目标的关键。关于沟通目标的特点，我们需要了解以下三个方面。

1.沟通者可能不会主动提及目标。大部分时刻，人们虽然在进行沟通，但并不会提及自己的沟通目标本身。比如一个销售顾问，他的沟通目标可能是将某一款产品推销给客户，但他并不会在沟通过程中将这一目标表达出来。当然并不是所有的沟通中，人们都会隐藏目标，有时候不表达目标仅仅是目标比较模糊或不重要。比如，两个同事在办公室自然地聊天，他们并不会探讨两个人的沟通目标到底是什么。

2.沟通中目标是动态变化的。很多人以为沟通中目标会保持不变，但事实正好相反。你最初的沟通目标是A，而在沟通的过程中，你的目标可能会变成了B。比如艾米和尼克，昨天因为一些事情大吵一架，第二天早上艾米准备向尼克表达歉意。但在和尼克的对话中，尼克用攻击性的语言否定艾米，于是艾米再次和尼克大吵了起来。在这个沟通中，艾米最初的目标是表达歉意但后来变成了攻击尼克。

3.沟通参与者的目标未必总是一致。你和沟通对象虽然在同一个沟通中，但各自的沟通目标可能存在巨大的差异，忽视差异，则难以创造出有效的沟通。比如前面艾米和尼克的故事，艾米最初的目标是修复关系和表达歉意，而尼克的目标是想要报复艾米，为昨天的争吵出一口气，于是艾米的目标被尼克的目标影响了。

◎ 理想目标和本能目标

每个沟通者都希望在沟通的过程中，选择合理与正确的目标，但实际情况和他们的期待并不一致。很多人会困惑，我明明想选择这个沟通目标，为什么就变成另一个了呢？要理解这种现象，我们需要认识两个概念：理想目标和本能目标。它们是我在沟通培训和教练辅导的过程中一个重要的发现。理想目标指的是个人经过理性判断和选择，能够带来明显好处的或更恰当的沟通目标。本能目标指的是由自我情绪和习惯所驱动的非理性的沟通目标。沟通中本能目标主要由人们内在的三种需求所驱动。

1.安全的需求。当你在沟通中，感受到自身的安全遭到威胁的时候，你会优先将获得安全感设定为沟通的目标。比如，当他人用糟糕的方式跟你说话时，你开始变得警惕和防御，倾向于选择战斗或者逃离现场的行为来解决问题。

2.公平的需求。在任何一个沟通中，我们都渴望自己得到公平和公正。当你觉察到某些地方存在不公平时，你会采取行动来获得公平感，每个人都强烈地讨厌吃亏的感觉。比如被别人谩骂，我们倾向于同样选择谩骂的方式惩罚对方，这样我们内心会获得公平感。

3.赢的需求。人们总希望能够赢得胜利，当两个人观点不一致或存在冲突的时候。这时候，大多数人的第一选项并不是倾听和了解他人的观点，而是选择与对方辩论，以便让自己成为赢家。

◎ 两种目标的关系

理想目标和本能目标共同存在于任何一个沟通中。在实际的沟通中，这两种目标总是在进行竞争。如果理想目标成为胜利者，你将拥有更大的概率让沟通走向正确的方向。如果本能目标成为胜利者，它往往会将沟通带向危险的境地。在大部分沟通场景中，哪一种目标经常会是胜利者呢？或许你已经猜到了，答案是本能目标，本能目标经常比理想目标拥有更强大的力量。我们探索这个部分，并了解沟通目标的重要使命，就是为理想目标赋予更强的力量，让它在两种目标的竞争中，能高概率地成为获胜的一方。

明确自己的沟通目标是什么，就是明确自己在某个沟通中应该做什么，不应该做什么。因此，对沟通目标拥有深刻的洞察，是沟通能力的重要体现。了解本能目标对理想目标的干扰，虽然不能保证我们会在以后的沟通中始终能坚持理想目标，但这种认识，有助于让我们有意识地避免被本能目标控制。这一点小小的进步，具有重要的意义。人们的成长就来自小进步的持续积累。

关于沟通目标的挑战

在提到沟通目标时，你最关心的问题是什么呢？我问过很多人这个问题，也得到了不同的答案。经过将这些答案汇总，我发现了两个高频率的问题：沟通中我应该选择什么目标？我的目标该如何实现？第一个问题其实说的是关于目标的定位。沟通的时候我们必须选择正确的目标，错误的目标无法让我们获得有效的沟通。第二个问题说的是目标的实现路径。也就是确定了某个目标之后，该用怎样的途径来实现这个目标。这两个问题看似简单，但要得到答案并不容易。

◎ 沟通目标定位的挑战

从众多的沟通目标中，选择一个正确的目标之所以不容易，是因为这个过程中我们会遇到很多干扰。比如，人们经常把本能目标当作正确的沟通目标。正确的目标，是能够有效地解决问题，并促使你实现某个结果。如果忽视沟通目标的正确性，仅仅让自己有一个目标是简单的，但要确保目标是正确的，难度就会提升。尤其当选项非常多的时候，选择就会充满挑战性。除了选择的难度之外，有很多沟通者在沟通的时候，总是难以说清楚自己想要什么。

针对这个挑战，我发展出了一种比较有效的策略，我将其称为目标清单。我们通过建立一个目标清单，就能够把一个开放性的问答题变成一个选择题，从而有效地降低目标定位的难度。有时候你并不知道自己的目标是什么，但面对清单中的其他选项，你可能非常清楚自己的目标不是什么。排除那些和自己目标不一致的选项，就能够让你定位正确的目标。就像你进入一家陌生的饮品店，面对喝什么这个问题，你很可能会从菜单中寻找答案，菜单会帮助你快速地从众多饮品中，选出更符合期待的饮品。

◎ 目标实现路径的挑战

很多人知道自己的沟通目标是什么，但不知道这些目标该如何实现，这就是沟通目标实现路径的挑战。关于目标的实现，大多数人依靠自己的主观经验，当然还有些人靠盲目的尝试。有经验的沟通者，他们明确某个沟通目标后，会按照已有的经验进行沟通，经常能得到好的沟通结果。按照经验进行沟通的最大问题是，经验的获得需要一个漫长的过程，具有很强的局限性。另外，在某个场景中有效的经验，并不总是适用于另一个沟通场景。有时候可能会浪费时间，让沟通充满不确定性，甚至创造出糟糕的沟通。

针对目标实现路径的挑战，过去我发展出了一种有效的策略——把握重点目标。在实际的沟通中，人们的沟通目标可能有很多种，他们或许没有时间和精力，掌握每个具体沟通目标该怎么实现，但可以掌握少数关键沟通目标的实现路径。我发现少数的沟通目标重复存在于大量沟通场景中。把握重点目标就是发现那些沟通中反复出现或者更加基础性的目标，个人只需要掌握这些少数目标的实现路径，就可以应对大部分沟通场景。前面认识了两种挑战所对应的策略：建立目标清单和把握重点目标。这两个策略是帮助我们更好地应对挑战的关键。

极简沟通目标模型

过去十年在持续探索沟通的过程中，我听过很多人谈论自己的沟通目标，它们存在于家庭、职场、社交、生活、学校、商务的各个场景中，以下是我汇总的一些被多次提到的沟通目标。

家庭场景：想纠正孩子的错误；想让父母接纳自己女朋友；想让妻子原谅自己；想了解爱人的看法……

职业场景：想让老板接受自己的方案；想让下属变得更有动力；想消除同事的误会；想和同事共同完成工作……

社交场景：想被新朋友接纳；想和朋友消除误会；想让闺蜜给自己出主意；想认识那个心仪的女生……

生活场景：饮品不是自己要的口味，想让服务员给自己换杯饮料；想让邻居放音乐的声音小点；想和医生确定治疗方案；想以更低的价格买到这个商品……

学校场景：想让同学帮自己忙；想跟老师请教一个问题；想和室友搞好关系；想改变同学的某个观点……

商务场景：想与对方达成合作关系；想了解用户遇到的问题；想把产品卖给客户；想与合作伙伴建立信任……

◎ 三种核心目标的发现

以上六大场景24个沟通目标，仅仅是人们沟通目标的一小部分。如果此刻要罗列大量的沟通目标，我相信我们还可以写出更多。面对这些个性化的沟通目标，将它们化繁为简的关键是对它们进行分析和归纳，也就是建立清单和选择重点目标。为了能够实现对沟通目标的化繁为简，经过对每一种实际沟通目标进行深度探索，后来我发现了3个目标，每一个具体的沟通目标中，几乎都能够找到它们的影子。这三种目标分别是：协作、亲密、影响。

协作：为了与他人共同完成一件事情而进行的沟通，比如患者和医生确定治疗方案的沟通过程，可以看作通过沟通与他人共同完成一件事情。

亲密：为了促使自己和他人关系亲密度发生变化而进行的沟通，比如想让妻子原谅自己的沟通过程，就可以看作通过沟通促使彼此关系亲密度发生改变。

影响：为了让他人发生某些改变而进行的沟通，比如父母想纠正孩子某个错误的沟通过程，就可以看作通过沟通让他人的想法或行为发生改变。

◎ 极简沟通目标模型的建立

协作、亲密和影响，我将它们称为沟通过程中的核心目标。我发现不管人们在不同场景中的实际沟通目标是什么，都至少包含一个前面所说的核心目标。通过这些核心目标，也可以将任何一个实际的沟通目标化繁为简。比如，你想和室友搞好关系的沟通，本质是提升亲密感。你希望纠正孩子错误的沟通，其本质是带来影响。有时候，你可能会遇到一些困扰，比如下面这个沟通：亲密关系中的伴侣，在关于购买哪种风格的沙发问题上，彼此存在分歧。他们都想说服对方接受自己的建议，同时又不希望破坏彼此的亲密关系，但又必须共同做出一个决定。面对这个沟通目标，我们应该将它归为协作、亲密还是影响呢？于是你会发现，这个实际的沟通中，包含多个核心目标。双方不想破坏关系属于亲密，说服对方属于影响，共同做出购买决定属于协作。

通过进一步的探索，我发现，实际的沟通并不仅仅只包含一种核心目标，像前面这样的沟通很多。有些沟通包含两种核心目标，还有些会包含三种核心目标。基于这个背景和现象，我创建了极简沟通目标模型，如图 3–7–1 所示。

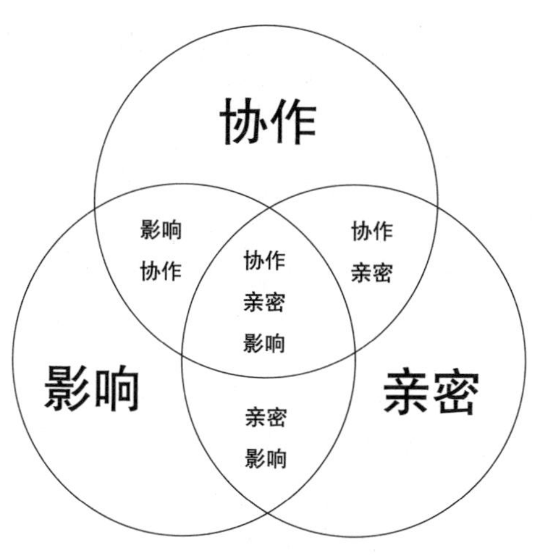

图 3–7–1　极简沟通目标模型

关于极简沟通目标模型的创建，我受到了三原色的启发。极简沟通目标模型，可以让我们更直观地看到，三种核心目标彼此如何组合。核心目标，通过彼此的组合产生了四种组合目标。他们分别是协作+亲密、亲密+影响、影响+协作、协作+亲密+影响。

极简沟通目标模型，共定义出了七种基本目标，它们分别由三种核心目标与四种组合目标构成。极简沟通目标模型，为我们提供了一个目标清单，它超越了沟通的场景，以沟通的本质需求为支点，能够让我们避免迷失在复杂的沟通中，也就是讲，不管你处在怎样的沟通场景里，不管你和谁进行沟通，你都可以通过极简沟通目标模型提供的清单，快速地确定自己的沟通目标。同时极简沟通目标模型，让我们不再花费大量的时间和精力，学习每一种具体的沟通目标该如何实现，你只要掌握核心日标和组合目标的实现路径，就可以懂得每个沟通目标的实现路径。

我们的工作，其实就是通过不同的手段，达到解决问题、实现目标的过程。在这个过程中，选择好的方法至关重要。因为在正确的方法指导下，我们能以最少的时间、最少的资源达到目标。

——埃克·拉塞尔《麦肯锡卓越工作方法》

第 8 章　实现核心目标的路径

协作目标和它的实现路径

协作，是极简沟通目标模型中的核心目标之一，它指的是通过沟通与他人共同完成一件事情或任务。要准确判断协作的沟通目标，我们还需要了解以下三个要点：首先，协作目标存在的前提是，拥有需要两个人共同完成的事情或任务，如果没有这些事情或任务，彼此的沟通一定不是为了协作。其次，事情或任务，不只是局限在职场这个场景，它可能存在于所有场景，比如家庭的场景中，你可能也需要和父母共同完成一些事情。最后，个人所面对的沟通对象，应该是与当前的事情或任务相关的。如果你的沟通是跟一个不相关的人进行的，那么这个沟通可能并不是以协作为目标的沟通。

◎ 生活和工作中的协作目标

或许你觉得协作的核心目标比较抽象，为了帮助你对协作的沟通目标有更清晰的认识，我会带你了解一些常见的协作目标。关于协作的沟通目标，我经常会提到飞行员与机场指挥中心之间的沟通。任何一架飞机的起飞，都需要机场指挥中心和飞行员共同配合，没有这种配合，飞机起飞的任务也就无法完成。生活中协作的沟通目标也随处可见。比如杰西生病了，感觉身体很不舒服，他去了医院。医生替他检查身体的过程中，与他进行了较多的沟通，询问了他目前的感受和过往病史，显然这些沟通是为了更好地完成疾病诊断，其沟通目标就可以看成协作。我们继续看另一个例子。丽莎走进了一家理发店，想要换个新发型。她向理发师描述了自己期待的发型，为了得到这个期待的发型，她与理发师进行了较多的沟通，这个沟通也是以协作为目标的沟通。

◎ 协作目标实现的基本路径

面对协作的沟通目标，该如何实现它呢？这是一个非常重要的问题，如果你不知道协作目标的实现路径，即使知道当前的沟通目标是协作，也无法让目标变成现实。下面我会向你介绍四种比较有效的路径，你可以把它们称为基本路径。你只要掌握这些基本的路径，就可以极大地提升实现协作沟通目标的能力，这些基本路径，分别是：聚焦、清晰、整体、确认。

【聚焦】指的是彼此沟通的时候，确保自己和对方说的是同一件事，或者谈论的是同一个部分。大部分沟通中，彼此沟通的焦点均会存在偏差，且彼此难以发现。这时候两个人虽然在进行沟通，但说的是完全不同的部分，比如一方在说A部分，而另一方说的是B部分。当彼此沟通的焦点和标准不一致时，两个人的沟通，难以实现协作的目标。聚焦，这个路径可以让彼此在同一个焦点下沟通，从而有效实现协作的沟通目标。

吉姆跟雷德是工作搭档，他们经常合作为一些公司提供咨询服务。今天吉姆约了朋友一起吃晚餐，准备出门。雷德走进办公室告诉他，针对最近的这个客户方案，还需要进行一些沟通。需要彼此快速解决这个问题，因为按照约定，明天早上就要将方案发给客户。

吉姆：方案已经很完美了，它可以有效地满足客户需求。

雷德：还存在很多问题，我们需要对它进行修改。

吉姆：我已经检查过好几遍了，我们已经考虑了全部的影响因素。

雷德：但我刚才又看了一遍，觉得还是存在一些问题。

吉姆：我们谈论的是同一个部分吗，你觉得哪里有问题？

雷德：我说的是表达顺序，我们应该先介绍第三个部分。

吉姆：原来是这样，我刚才所说的是这个方案本身的可行性。

雷德：显然我们说的是不同部分，我也觉得方案的可行性没有问题。

吉姆：我同意你的修改建议，那就将原先的第三部分放到前面介绍。

吉姆和雷德需要对方案达成共识，但在开始的时候，他们虽然讨论的是同一个方案，其实所针对的是不同的部分。后来吉姆正是通过聚焦，发现了彼此关注点的差异，快速完成了关于方案的沟通。

【清晰】指的是在彼此沟通的时候，将信息以准确、不会产生歧义和误解的方式表达出来。清晰的反面是模糊、抽象和不确定，这些是实现协作沟通目标的大忌。良好的协作必然需要清晰、准确的信息分享。在很多场景中，人们以为自己表达得非常清楚，其实他的表达对别人而言非常模糊。因此努力让沟通中的表达变得清晰，是实现协作目标的另一个关键 。

欣羽从网上买了一件毛衣，收到毛衣后试穿，发现太大了。于是她跟店铺的客服沟通，准备换一件小点的。后来她收到了客服发来的毛衣，结果对方寄给自己的是最小号，而她又穿不了，必须得再次换货。这时她才意识到，自己和店铺客服的沟通存在问题。她没有清晰表达自己的想法，客服误解了她的需求。当时她与店铺客服的沟通是这样的：

欣羽：在吗？

客服：在的，有什么可以帮到你呢？

欣羽：我在你们店铺买了一件毛衣，太大了我没办法穿，需要换一件小号的。

客服：好的，你将衣服寄到这个地址，我这边给你换货。

欣羽：谢谢你……

在以上的沟通中，欣羽所说的小号，其实指比当前的尺码小一个尺码，而客服以为欣羽想换成最小尺码。于是后来欣羽收到的毛衣，便是这个款式最小尺码的毛衣。如果前面的沟通能够以清晰的方式进行，那么就不会出现这样的误解。欣羽应该直接告诉客服自己需要换成的尺码，而不是用小号这个容易引发歧义的词语，表达自己的需求。

【整体】指的是向对方表达与事物相关的全面的背景信息，确保沟通对象对你所说的内容，拥有更完整的了解。与整体这个路径不同的是：谈论大量细节，或者跟对方沟通时缺失背景信息。如果你要表达的内容比较多，你应该先让对方拥有一个整体的认知，再表达具体的细节。如果对方不了解整体或背景，那么对方往往无法很好地配合你。人们只有对整体拥有基本的了解之后，才能够更好地理解细节。

彼得是公司的一位高管，现在他需要一张海报，用来宣传公司推出的一款产品。他找到了公司的设计师亨利，准备把这个任务交给他完成。为了确保亨利完成的作品和自己期待的一致，他决定和亨利进行一些沟通，以便能够让亨利完全明白他想要什么。

彼得：亨利，我需要你帮我设计一张新产品的海报。

亨利：没问题，什么时候要呢？

彼得：最好在明天中午之前。

亨利：我马上开始设计。你能告诉我，你需要的尺寸，还有色调等信息吗？

彼得：这些细节，我发邮件给你。现在我想跟你说说关于这个海报的使命、它的使用场景和希望实现的效果，我认为这是我们首先应该沟通的内容。

亨利：好的，我们现在开始吧……

在这个沟通中，彼得并没有一开始就提出具体要求，而是希望让亨利先明白为什么要设计这个海报。如果彼得不告诉亨利关于海报的使命等背景信息，亨利只会凭猜测设计一张海报，而这张海报却未必能够满足场景的需要，因为亨利并不知道这张海报会被使用在哪里。

【确认】指的是愿意主动地向对方寻求反馈，了解自己表达的内容和他人的理解是否存在差异。当然也可以是自己理解的内容，和他人所表达的想法是否一致。与确认相反的是，默认自己的表达能够被他人完全理解，或者认为自己对他人的表达全部理解。在沟通的时候，没有人可以保证自己所表达的内容，能够被他人完全理解，理解的偏差是普遍存在的。愿意向对方寻求反馈，可以有效地降低理解偏差出现的概率，即使一旦出现理解偏差，也会被我们及时发现。

卡特和约翰是室友，他们的关系很不错，经常相互帮忙。下午卡特准备去超市购买一些物品，在出门前问约翰，是否需要帮他购买东西。以下是卡特和约翰的一段对话。

卡特：嗨！约翰，我准备去超市，需要我帮你买些什么吗？

约翰：谢谢，你帮我带一盒牛奶。

卡特：还有吗？

约翰：哦，我的牙膏快没有了，也帮我买一支吧；对了，再帮我买一些橙子。

卡特：你说了三件东西：牛奶、牙膏、还有橙子，对于品牌有什么要求吗？

约翰：牛奶需要买脱脂的，其他的没有要求。

卡特：好的，一会儿见。

在以上的这个对话中，卡特为了避免漏掉约翰交代的任务，询问是不是三样东西，这个过程就使用了确认的路径。除此之外，卡特还对购买的要求也做了进一步的确认。虽然这是个生活中的简单对话，但确认的行动提升了沟通的成效。如果没有以上的确认，卡特虽然替约翰购买了一些东西回来，但却并不是约翰想要的。

没有人可以独自完成所有的事情，需要跟他人合作才能实现某些目标，或者解决一些问题。关于协作沟通目标的实现，我前面已经给了大家四个路径：聚焦、清晰、整体和确认。它们虽然不是实现协作目标的唯一路径，但却是非常基础的，我们应该理解并记住它们。另外，我们还需要知道在实际的沟通场景里，以上的四个路径并不是独自发挥作用，有时候可以共同发挥作用。也就是说，你既可以按照一个路径去行动，还可以同时使用多个路径实现协作的沟通目标。

亲密目标与实现路径

亲密，是极简沟通目标模型的核心目标之一，指的是沟通者希望通过沟通改变（维护）自己与他人关系的亲密度。为了更好地判断亲密的目标，我们应该了解以下两个要点。首先，亲密目标存在的前提是：你对彼此的关系现状拥有改变的期待，如果没有关系改变的期待，也就不存在亲密的沟通目标。其次，改变关系中的亲密度，不仅仅指关系朝着正向的方向变化，也可能是负向的变化。正向的变化，指的是让彼此的关系变得更好；负向的变化，指的让是关系变得疏远或结束关系。虽然让关系变得疏远，也是改变关系中的亲密度，为了在本书中降低复杂度，在后面探讨亲密的核心目标时，在没有特别说明的情况下，大部分都指的是让关系发生正向的变化或者维持现有的关系不会变得更糟。

◎ **生活中的亲密目标**

关于亲密的沟通目标，生活中很常见，比如两个并不认识的人，希望认识对方，最开始谈话的沟通目标往往是亲密，一方或双方都希望通过自己的努力，使彼此关系的亲密度发生改变。成功的谈话，会让彼此有一见如故的感觉。除了这个例子之外，我们再了解另一个以亲密为目标的沟通。格林的某些语言冒犯到了室友，室友有些生气。格林主动向室友道歉，表示自己不是故意的，并寻求室友的原谅。在这个沟通中，格林的沟通目标就是亲密，他想通过沟通改变自己和室友关系中的亲密度。同样的案例还有很多，琳达和约翰是一对情侣，琳达最近和约翰发生了一次争吵，彼此都感受到了挫败感。琳达想跟约翰谈一谈，以修复彼此的关系。

◎ **实现亲密目标的路径**

前面探索的是亲密的沟通目标是什么，接下来我们需要关注另一个问题：面对亲密的沟通目标，该如何实现它？不知道亲密目标的实现路径，即使成功地定位当前的沟通目标是亲密，依然还是无法让沟通的目标变成现实。关于亲密沟通目标的实现，在这里我会重点介绍四个常见的路径，它们分别是：意愿、共同点、自我坦露和肯定。

【意愿】指的是向沟通对象，表达渴望关系进一步发展的期待。这种期待可以通过语言表达，也可以通过自己的情绪和肢体语言呈现。表达交往的意愿，向他人传递的是一种开放友好的信息，这种信息有助于获得对方积极的回应，一旦双方对关系的发展形成共识，就可以快速地推动关系中的亲密度发生改变。与呈现和表达意愿不同的是，很多人在沟通中表现的比较冷漠，虽然他们想要收获更亲密的关系，但不会采取行动。如果你在沟通中，让对方感受到的是冷漠和拒绝，那么对方不会明白你真实的想法，甚至会认为：你对彼此建立关系没有期待。在这样的背景下，彼此的关系自然难以变得更亲密。

因为父母的工作调动，晓乐最近转学到了一所新的初中。在以前的学校他有很多好朋友，刚到这个学校，他渴望能够交往到一些不错的朋友。最近他发现班里的同学方鹏跟自己一样也比较喜欢看书，前两天他跟方鹏有过一些交流，但彼此的关系还不够熟悉。今天他去图书室，看到方鹏也在看书，所以准备跟他打个招呼。

晓乐：方鹏，你好，我是晓乐。

方鹏：晓乐你好，你也准备看会儿书吗?

晓乐：是的，你正在看什么书呢?

方鹏：我在看《哈利·波特》。

晓乐：我刚到这个学校，还没有什么朋友，希望能够跟你成为好朋友。

方鹏：听到你这么说真高兴，虽然这里对你是陌生的环境，但大家都很友好。

晓乐：谢谢，我们以后可以对一些书的话题进行讨论。

方鹏：好主意，我也期待有朋友一起读书，一起交流看法……

【共同点】指的是谈论两个人相似的部分。大量心理学的研究发现，人们更愿意和那些与自己相似的人建立亲密的关系。对于和自己完全不同的人，往往会敬而远之。所以在沟通中，向他人表达差异和分歧，并不会让关系变得更亲密，而呈现彼此的共同点，才会促进关系的发展。或许你会担心自己和他人没有什么共同点，这个担心是没必要的，任何两个人都存在一些共同点，当然也存在差异，关键是你如何做出选择：你是主动向对方呈现更多共同点，还是表达更多差异。也就是说，只要你愿意，你一定可以找到自己和他人大量的共同点。

尼克今天早上去公司，上司介绍一位新同事丹尼尔和他认识，并要求尼克带丹尼尔熟悉一下工作环境，以后丹尼尔将是团队中的一员。尼克热情地向丹尼尔打招呼，并开始带着他熟悉工作环境。尼克发现丹尼尔是一位比较严肃的同事，希望能够跟他保持更好的关系。在交流中，尼克发现丹尼尔跟自己一样都喜欢爬山。于是他们聊了很多爬山过程中彼此遇到的趣事，而且有好几座山他们之前都去过，只不过彼此去的时间不同而已。丹尼尔和尼克都很开心能够认识彼此，而且还约定再过几个月，一起去爬山。

【自我坦露】指的是向对方分享一些较为私人的信息。当然这里较为私人的信息，指的是不会引发他人反感的恰当信息。一般情况下关系亲近的人，彼此才会共享更多较为私人的信息，就是那些你平常不愿意向更多人分享的信息，比如个人的感受、经历、缺点等。心理学家研究证明，向他人适当地坦露一些私人信息，有助于彼此的关系变得更亲密。与自我坦露相反的是，刻意地回避一些信息的分享，当你不愿意向他人分享更多个人信息时，这会让他人感受到疏远和距离感，这种状态难以让关系变得更亲密。

梅梅和莉莉是普通的同事，彼此的交流不是很多。梅梅一直很欣赏莉莉，希望自己跟莉莉能够成为朋友。有一天梅梅发现莉莉的情绪有些低落。她问莉莉是不是发生了什么事情，莉莉却告诉她没事，显然莉莉不愿意把自己的事情说给梅梅听。

梅梅：我看到你脸色不好，不管发生了什么，相信一切都会好起来的。

莉莉：谢谢你，没事的，只是最近比较累。

梅梅：前段时间，我的工作出现了一些失误，被老板骂了。自己好难过，甚至开始怀疑自己是否擅长这份工作。

莉莉：一直觉得你很强大，你也有怀疑自己的时候吗?

梅梅：有，只是自己不经常表现出来。

莉莉：是啊，你刚才说这个我很惊讶，很高兴你告诉我这个秘密。

梅梅：那不许告诉其他同事哦！

莉莉：其实我有些焦虑，对自己的工作不太满意，觉得很多地方自己都做得不好。

梅梅：我们都是在怀疑中成长的，以后我们彼此多帮助对方成长吧！

莉莉：好啊，有你真好，以后要跟你多聊聊。

【肯定】指的是表达对他人的认同和赞美。在人际交往中每个人都渴望得到别人的认同和赞美，更愿意和那些认同和赞美自己的人成为朋友。与肯定相反的是否定、打击和指责。很多人内心渴望跟他人的关系更近一步，但总是会习惯性地给予他人否定和打击，这样的沟通方式，难以帮助他们实现自己的沟通目标。不管你有什么样的理由，否定和打击都会促使他人疏远你。你可能会说，对方就是做了错事啊，或者对方真的没有什么可以肯定的，其实给予对方肯定，取决于你自己而不是别人，即使对方犯了很多错，只要愿意，你依然可以从对方身上，找到值得肯定的部分。

科恩经朋友介绍认识了艾米，觉得艾米是他见过的最优秀的女孩，他希望跟艾米的关系能够更进一步，后来他们终于在一起了。艾米跟朋友说，跟科恩在一起很开心，他总是能够鼓励自己，让自己变得自信。以下是两个人最初约会时，彼此的对话，正是这次对话让她决定跟科恩在一起。

艾米：最近负责了一个新项目，总是一头雾水，有些疲惫。

科恩：听说是你主动申请负责这个项目的？

艾米：是的，以前做的都是熟悉的项目，想要有一些改变。

科恩：当我听到这件事情时，我很惊讶。

艾米：为什么呢？

科恩：很多人都愿意做熟悉的事情，因为这样风险总是最小，也不会被老板批评。而你却主动选择最难的项目……

艾米：我讨厌重复熟悉的事情，觉得那样无法成长和进步。

科恩：看得出来，你比很多人拥有更多的勇气，总是敢于尝试未知的事物，这是一种非常重要的品质。

艾米：嗯，我一直觉得勇气是非常重要的，它会让我们变得更强大。

亲密的目标，不仅仅在伴侣之间，所有的人际关系中都存在。我们生活在人际关系的网络当中，与他人维持稳定而亲密的关系，可以带给自己更多的幸福感。好的人际关系，也是我们走向成功的关键支持。关于亲密的沟通目标，我们已经认识了四种路径：意愿、共同点、自我坦露和肯定。如果你在某个沟通中，沟通目标是亲密，你可以使用它们来实现自己的沟通目标。当然前提是：你能够理解和记得这些路径本身。如果你忘记了目标实现的路径，那么你可能会盲目地去尝试其他无效的路径。

影响目标与实现路径

影响指的是为了让他人发生某些改变而进行的沟通，也是极简沟通目标模型中，我们需要深度了解的一个核心目标。为了准确判断影响的核心目标，我们应该了解三个关键要点。首先，影响是促使他人发生改变，而不是由你直接改变他人。不管多么厉害的沟通者，都无法直接改变他人，任何改变都需要他人的授权和认可。其次，影响针对的是沟通对象的改变，而不是沟通对象之外的其他人。比如，你跟A进行沟通，要影响的对象也应该是A，而不是非沟通对象C。当然如果你的沟通对象同时是A和C，那么你影响的对象可以是他们两个人。最后，你还应该了解，改变不仅仅是指对方的行为，也包括对方想法、选择、心态等方面的改变。

◎ **生活和工作中的影响目标**

生活和工作场景中，有很多的沟通目标是影响，接下来我们通过一些案例，进一步探索它。影响的沟通目标，比较典型的例子有，销售顾问将产品推销给顾客的过程。顾客选购一个商品时，可能会表现得比较犹豫，销售顾问往往会通过沟通推动顾客快速地做出购买的决定，这时候销售顾问的沟通目标就是影响。

影响的目标无处不在。露西是某互联网公司的CEO，公司的高层会议上，基于当前公司的发展情况，她提出了组织变革的一些构想，露西认为这些变革可以为公司带来新的机遇。为了获得其他高管的支持，她与高管进行的沟通就是影响的目标。再看另一个例子，安娜在学校总不想参加体育活动，每当班级组织体育活动的时候，她总是找各种理由拒绝参加。老师艾玛注意到了安娜的行为，于是和安娜进行了一次沟通，告诉她体育活动为什么对我们很重要，鼓励安娜参与体育活动，最终安娜开始改变过去的行为。以上沟通中，老师艾玛的沟通目标同样是影响。

◎ **实现影响目标的基本路径**

了解影响的沟通目标是什么之后，面对影响的沟通目标，我们该如何实现呢？不知道影响目标的实现路径，意味着我们没有能力让目标变成现实。关于影响沟通目标的实现，我还会像协作和亲密一样，同样给你提供四个基本路径，它们分别是：请求、好处、效仿和转变。

【请求】是向他人表达某些期待，并希望对方做出改变。它是人们影响他人最简单和最基本的方式。不管是生活还是职场里，我们都需要面对很多请求，这些请求影响着我们的选择和行为。人们之所以会被请求所影响，是因为拒绝请求本身需要更多的勇气，相比于拒绝请求，大部分人更习惯于接受请求。表达请求需要避免两个极端，很多人要么用命令的方式表达期待，要么默默地忍受，不做任何的表达。前者会引发他人的抵触，难以影响他人，后者无法让他人知道你的期待，也就不会做出任何改变。另外关于请求，我们还应该把握它的大小，如果你所请求的改变是比较大的，对方可能会直接拒绝，这时候不妨将大的请求分解成小请求，让小的改变逐渐带来大的改变。以下是通过请求，影响他人的一个例子。

伊雪去一家餐厅吃饭，突然闻到一些烟味，原来离她不远的位置有位男士在抽烟。她看到远处有明显的禁止吸烟的标志。她讨厌烟的味道，也非常讨厌被动吸二手烟，她想让对方改变在公共场合抽烟的这种行为。于是她起身，走到对方身边。

伊雪：先生，不好意思打扰一下，你能把烟灭一下吗？我对烟味有些敏感。

抽烟的先生：不好意思啊！影响你了。（边说边将手中的烟熄灭了）

伊雪：谢谢你的理解。

【好处】是明确地告诉他人，如果做出改变可以从中得到哪些回报和收益。当人们意识到做出改变可以带来明显的好处时，就会更有动力做出改变，相反，如果改变不会为自己带来显而易见的好处，也就不会采取行动。有时候向他人谈论不改变的坏处，其实也就是在谈论改变可以带来的好处。很多人希望带给他人一些改变，却没有向他人说明好处，仅仅提出改变的要求，导致自己期待的改变遭到对方拒绝。

路易斯是一家销售公司的营销人员，他的客户约翰太太，向他咨询过洗碗机，他希望能够影响约翰太太做出购买的决定。今天他拜访了约翰太太，并向她详细地讲述了购买洗碗机后，她的生活将会发生怎样的改变。比如，洗碗机可以给她节省更多时间，可以让她更轻松地完成家务。最后约翰太太终于做出了决定，向路易斯订购了一台他们公司的洗碗机。

【效仿】是让沟通对象知道大多数人是怎么做的，或者对方喜欢的人是如何选择的。人们在做出选择和判断之前，经常会参照他人的判断和选择。当人们对自己的选择不确定时，如果他人的选项和自己一致，会更加确信自己的选项。面对复杂的场景，我们难以区分不同选项之间的差异，参考别人的选择，能帮助自己简化当下判断的难度。因此向沟通对象表达他人的选择，可以带给对方一定的影响。

奇奇今年5岁了，吃饭的时候总是挑食，不愿意吃蔬菜。妈妈希望能够改变他这个不好的行为，想起来奇奇特别喜欢表哥和表姐，于是妈妈跟奇奇进行了一次沟通。

妈妈：奇奇，你应该多吃些蔬菜。

奇奇：我只想吃肉。

妈妈：你知道吗？你表哥和表姐他们都很喜欢吃蔬菜。

奇奇：为什么他们会喜欢吃蔬菜呢？

妈妈：因为吃一些蔬菜，对身体特别好，还可以少生病。

奇奇：是吗？那我也要多吃蔬菜。

【转变】是重置对方固有的认知和判断，让对方产生新的认知和判断。人们之所以坚持某个选择或行为，是因为内心觉得它们是正确的。如果你能给他们提供更多的信息，让他们意识到某个认知和判断并不准确，那么他们就会主动调整自己的认知和判断。新的认知和判断，会让他们采取新的选择和行为。

邦妮和贝拉是好朋友，邦妮喜欢打羽毛球，她很希望贝拉能够陪自己去打羽毛球，每当邦妮邀请贝拉时，总是遭到拒绝。邦妮希望改变这一切，她了解到贝拉以前也打羽毛球，只是觉得自己打得不好，所以就没有兴趣了。今天邦妮再次邀请贝拉，贝拉还是拒绝了邦妮。以下是邦妮和贝拉的对话：

邦妮：贝拉我知道你以前也打羽毛球。

贝拉：我打得不好，所以再也不想打了。

邦妮：没有人一开始就很厉害，我现在打得也不好。

贝拉：我觉得自己没有天赋。

邦妮：我们一起试一试吧，说不定你比我还厉害呢！

贝拉：一定是你厉害，我害怕你嫌弃我打得不好。

邦妮：我怎么会嫌弃你呢！我只是希望能够和你一起成长。

贝拉：好吧，那我们一起去，你可不许嫌弃我。

邦妮：真高兴你能够接受我的邀请。

影响的沟通目标随处可见，每天我们都需要影响他人做出某些改变。前面已经认识了四种基本路径，这些基本路径既可以单独使用，还可以彼此配合一起使用。请求、好处、效仿和转变，并不是唯一实现影响沟通目标的路径，它们只是四种最基本的目标实现路径。除了它们，你还可以在生活和工作中探索不同的路径。在探索更多的路径之前，你首先应该熟练掌握以上四个基本路径。如果你连四种基本路径都没有掌握，那么你学习再多的路径，也可能没有效果。这个建议不仅仅适用于实现影响的沟通目标，同时也适用于实现协作和亲密的核心目标。

应付生活中各种问题的勇气，能说明一个人如何定义生活的意义。

——阿尔弗雷德·阿德勒

第 9 章　组合目标的实现路径

认识四种组合目标

通过极简沟通目标模型中的核心目标，我们认识了通过相互组合，可以形成四种组合目标，分别是：协作+亲密、亲密+影响、影响+协作、协作+亲密+影响。前面我们已经认识了核心目标，接下来我们需要将注意力，放到四种组合目标上面。组合目标是极简沟通目标模型的重要构成，更是我们深度认识极简沟通目标模型的重点。

◎ 组合目标：协作+亲密

协作+亲密，指的是在某个沟通中，我们既有协作的目标，也有亲密的目标，两种目标同时存在的情况。如果你的沟通目标是协作+亲密，意味着你希望通过沟通与他人共同完成一件事情或任务，同时也希望通过沟通让彼此关系的亲密度发生改变。协作+亲密的沟通目标，可能存在任何场景中，不过职场和家庭的场景中，存在的概率往往更高。因为职场中我们经常需要跟同事完成一件事情，所以协作是常见的目标，但除了协作我们还希望维护自己和同事的关系。而家庭的场景正好相反，我们需要和家人维持好的关系，但又经常需要共同完成一些事情。

艾莉在一家互联网公司负责运营的工作，她需要跟设计师莫妮卡共同完成一个促销海报，昨天她和莫妮卡因为工作上的事发生过争执，因此要完成这个任务，她不但需要跟莫妮卡进行协作，还需要改善自己和莫妮卡的关系。针对这个沟通，我们可以将艾莉的沟通目标确定为“协作+亲密”。

◎ 组合目标：亲密+影响

亲密+影响，指的是在某个沟通中，亲密和影响的目标同时存在，你既希望通过沟通，促进彼此关系亲密度发生改变，同时还想促使对方的行为或想法发生一些改变。比如家庭中丈夫与妻子，对于孩子的教育问题存在分歧，任何一方都想改变对方的看法，但同时又不想破坏彼此的关系。在亲密关系中，亲密+影响的沟通目标很常见。情侣间的沟通，很少存在单独的影响，一方让对方改变的同时，还希望维护和促进彼此的关系。亲密+影响的沟通目标，不只是前面举例子的场景，在职场和社交中，也能够看到它的身影。

凯文是一位中学老师，前段时间他的班级转来一位叫杰克的学生，性格非常内向，不愿意和其他同学进行沟通，在和老师沟通时也显得很紧张。最近杰克的作业中存在很多错误，看来对课程内容并没有理解，凯文准备找杰克进行沟通，他希望帮助杰克纠正对课程内容的错误理解，同时想让杰克和自己的关系变得更友好，这个沟通就是亲密+影响的沟通。

◎ 组合目标：影响+协作

影响+协作，指的是在某个沟通中，你既有影响的目标，同时还有协作的目标。如果你的沟通目标是影响+协作，意味着你希望通过沟通让他人发生某些改变，同时还希望跟对方共同完成一些事情。不管是职场还是生活中，我们都要与他人合作，实现某些重要的目标。所有需要彼此合作的人，他们的选择和行为并非总是一致，往往在很多方面存在巨大差异，为了消除差异，很多人都会做出努力，促使沟通对象能够发生某些改变。

约翰和布鲁斯共同创办了一家公司，他们分别负责不同的业务，目前的办公室已经无法容纳团队办公，他们需要换一个更大的办公场所，办公室的位置需要他们共同来决定。目前他们的看法存在差异，约翰决定去找布鲁斯，准备说服他接受自己的建议，并和他共同做出决定。在以上这个即将进行的沟通中，约翰的沟通目标就是影响+协作。

◎ **组合目标：协作+亲密+影响**

协作+亲密+影响，指的是某个沟通中三个核心目标共同存在，你既希望通过沟通与他人共同完成一件事情，同时希望沟通促进和维护彼此的关系，还希望通过沟通让他人的想法和行为发生某些改变。它与前面三种组合目标最大的不同点是，由三种核心目标共同构成。因此，它是比较特殊的一种组合目标，位置在极简沟通目标模型的中心。

很多人觉得这种组合目标比较复杂，应该在生活和工作中不常见，其实正好相反，协作+亲密+影响的组合目标，在现实生活中非常多。你经历的很多沟通，都可能就是这种沟通目标。这种组合目标，真实地反映了大量沟通的复杂现状。虽然协作+亲密+影响的沟通，看起来比其他组合目标复杂，但它也是由核心目标构成的，通过分解依然可以变得更简单。

王珊的儿子丁丁在上小学三年级，今天老师布置了一个作业，需要王珊和丁丁一起完成。王珊希望快速完成作业辅导，但是丁丁总是出现错误，王珊内心很焦虑，她既要纠正丁丁大量的错误，同时又不希望自己破坏亲子关系。王珊的这个沟通就是协作+亲密+影响为目标的沟通。

◎ **如何判断某个沟通的基本目标**

极简沟通目标模型，将我们和他人的沟通简化为七种基本目标。其中三种为核心目标，四种为组合目标。任何一个沟通，我们可以将自己的实际沟通目标，转换成极简沟通目标模型中的基本目标。那么面对某个实际沟通，我们该如何快速地判断自己的基本目标是什么呢？这个问题对使用极简沟通目标模型非常重要。任何沟通中，你都可以通过以下两个步骤完成基本目标的判断。

1.判断沟通中存在哪个核心目标。当你准备和他人沟通或者已经沟通时，你需要依次检查是否存在某个核心目标。比如你可以问自己，当前的沟通存在协作吗？是否需要跟对方共同完成一件事情；当前的沟通存在亲密吗？是否希望维持或促进彼此的关系；当前的沟通存在影响吗？是否想让对方做出某些改变。如果以上问题中，某个问题的答案是否定的，那么你就可以快速地排除这种核心目标。

2.确认共同存在的目标数量。当你排除不存在的核心目标后，你需要再次确认剩下的核心目标是否共同存在。比如，你通过前面的两个步骤发现，自己的沟通目标没有协作、亲密和影响共同存在，那么你就可以将自己的基本目标确定为：亲密+影响。

组合目标，是极简沟通目标模型的重要构成。认识组合目标，是学习和掌握极简沟通目标模型的重要任务。如果你想深刻地理解每种组合目标，你应该把注意力放在构成它的核心目标上，认识组合目标的最大阻碍，就是对核心目标不够理解。比如，你要理解影响+协作的沟通目标，那么你首先应该理解什么是影响，什么是协作。关于组合目标，你可能不会问：在表达某种组合目标时，核心目标之间的顺序要注意吗？也就是说，协作+亲密与亲密+协作有区别没有，这个问题也是我之前思考过的，为了不让组合目标变得更复杂，所以对于组合目标的表达不区分顺序。也就是说关于组合目标协作+亲密，你也可以写成亲密+协作，在本书中我一般使用顺时针的顺序，这样的表达，并不是说在协作+亲密的沟通中，协作具有更高的优先级。

组合目标的主要特征

极简沟通目标模型，共有七种基本目标。这些基本目标，可以分成两种不同的类型：核心目标与组合目标。组合目标虽然由核心目标构成，但自身存在很多与核心目标不同的特征。这些特征主要表现在以下三个方面。

◎ 组合目标存在的概率更高

每天我们所进行的大量沟通，其沟通的目标都是组合目标。组合目标要比核心目标在生活和工作中出现的概率更高。了解这一点非常重要，现实生活中很多失败的沟通，恰恰是因为忽视了这个事实所导致的。比如亲密关系中，伴侣之间存在分歧，一方总想着说服另一方，让对方接受自己的观点，却忽略了这种争执带给彼此关系的破坏。以上这个沟通中，伴侣的沟通目标不仅仅是影响，其实还有亲密。对亲密关系当中的两个人来说，维持彼此较好的关系状态，其实是一个默认的目标。

影响的核心目标，聚焦的是对方的改变；亲密的核心目标，聚焦的是彼此的关系；而协作的核心目标，聚焦共同创造价值。在家庭和职场中，这些部分都是交织在一起的。比如，你和同事的沟通，虽然大部分时间你的目标是与对方共同创造价值，但彼此之间必然存在维持更好关系的需求。因此，关于核心目标与组合目标，我们应该了解：核心目标是基础，组合目标才是真正要大量面对的。

◎ 组合目标实现的难度更大

组合目标由多种核心目标构成，相比于核心目标，组合目标实现的难度要更大一些。关于组合目标的实现，我们可以看作同时实现两个或三个核心目标。难度和挑战，主要体现在两个方面。

首先，组合目标的实现，需要我们在沟通中关注更多因素。如果你的沟通目标仅仅是亲密，那你只需要维持或促进彼此关系发展，但如果除了亲密还有协作，那么你必须关注双方要完成某个任务。只是维持了关系，但某个任务没有完成，那么沟通目标也意味着没有实现。

其次，组合目标中的两种目标，可能会相互干扰。面对这种情况，我们必须维持不同沟通目标之间的平衡。如果某个目标实现路径，有助于实现其中一个核心目标，但阻碍另一个核心目标，那么这个路径便不是更好的路径。

◎ 同种组合目标也可能不同

我们已经知道，极简沟通目标模型的四种组合目标，分别是：协作+亲密、亲密+影响、影响+协作、协作+亲密+影响。某一种组合目标本身，在不同的沟通中也存在差异。同样是协作+亲密，不同沟通场景中的表现并不相同。比如在A场景中，协作是更优先的目标，亲密是其次需要考虑的。而在另一个场景中，亲密可能是需要优先考虑的，相反协作并不是特别重要。因此，在前面两种场景中，虽然你的沟通目标都是协作+亲密，但它们并不相同。

另外在本书的前面部分我提到过，任何沟通目标均是动态变化的，一种沟通目标可能会变成另一种沟通目标，这种变化也发生在核心目标之间。比如协作的沟通目标，它可能会在沟通的过程中变成影响。某个组合目标中两个目标之间的重要程度，也经常会在沟通中改变。比如，尼克和约翰是好朋友，现在他们对问题的看法存在很大差异，尼克最初的沟通目标是影响+亲密，影响具有更高的优先级，但随着沟通持续、彼此的争吵不断升级，虽然尼克的沟通目标依然是影响+亲密，但是亲密开始变得具有更高的优先级。

在应用极简沟通目标模型时，某个基本目标，仅仅是对实际沟通目标的简化，并不是实际沟通目标本身。基本目标只有七种，而实际的沟通目标是非常个性化的。比如，一位妈妈跟孩子的关系不好，希望改善自己跟孩子的关系，同时还希望让孩子改变乱丢垃圾的行为。实际的沟通目标可以描述为：改善和孩子关系，纠正孩子的错误行为。而极简沟通目标模型则表述为：亲密+影响。

由此可见，极简沟通目标模型，是对现实中真实沟通目标的简化，既反映了真实沟通的复杂特性，同时又让沟通目标变得更接近实际目标。你将个性化的沟通目标变成协作、亲密、影响这些抽象的目标时，可能会感到比较复杂，极简沟通要让沟通变得更简单，但并不代表这个过程本身就很简单。相反这个过程，可能需要面对很多挑战。只有我们完成了这些挑战，才能真正实现化繁为简。对还没有完全理解目标模型的人而言，要使用这些概念来代替真实沟通目标，自然会感到比较困难，但是随着对极简沟通目标模型越来越熟悉，你会觉得将实际沟通目标，转换为基本目标则非常容易。

组合目标的实现路径

生活和工作中的很多沟通目标是组合目标，那么组合目标如何实现呢？或许你会说，组合目标由核心目标构成，掌握了核心目标的实现路径，组合目标也就知道该怎么实现了。的确，核心目标的实现路径，是组合目标实现的基础。但对很多人来说，即使目前已经掌握了核心目标的实现路径，在面对一个组合目标时，依然可能会感到束手无策。如果你想在不同的沟通场景中，实现组合目标，那么就需要了解一些具体建议。下面我会提供四个建议，当你能够按照这些建议去做时，实现组合目标对你来说也会变得更容易。

◎ **熟悉核心目标的实现路径**

实现组合目标之前，我们需要将其分解成核心目标，因为核心目标是组合目标实现的基础和前提。对于极简沟通目标模型中的每个核心目标，我们分别认识了四种基本路径，在这里有必要再次回顾一下。协作目标的基本路径是清晰、聚焦、整体和确认；亲密目标的基本路径是意愿、共同点、自我坦露和肯定；影响目标的基本路径是请求、好处、效仿和转变。

面对某个组合目标，你首先要回顾构成当前组合目标的核心目标如何实现。比如，你的沟通目标是影响+协作，你可以跟对方分享为什么要做这件事情（整体），完成这件事情可以给他带来哪些回报（好处），同时具体地表达你要求对方做的事情（清晰）。

◎ **始终不要丢失某个目标**

实现组合目标时，你需要同时关注多个目标，这是组合目标与核心目标最大的差异。丢失某个目标，也是大部分人最容易犯的错误。你只追逐一个目标，忽视另一个目标时，组合目标一定难以实现。比如，沟通目标是亲密+影响，结果有的人光顾着通过沟通实现影响的目标，当他努力完成影响的目标之后，发现彼此的关系也出现了严重的问题。显然这样的结果，并不是他想要的。在多个目标中保持平衡，对大部分人而言是困难的，但要实现组合目标，我们必须得训练自己拥有这种能力。要学会同时关注构成组合目标的多种目标。训练可以从两个方面入手，首先你要在心中明确，大部分沟通目标并不是单一的。其次你要在沟通中多问自己，当前的沟通方式，能否实现自己所有的沟通目标？如果发现不能，你就要主动做出调整。

◎ **明确哪个目标是重点**

前面所说的不要丢失某个目标，重点是要告诉大家，不要以牺牲某个目标的方式，实现其中的另一个目标。这也可能会让有些人认为，组合目标中的每个沟通目标是同样重要的。现实的沟通中，并不是每个核心目标都一样重要，某个核心目标可能比另一种目标更重要。因此，在实现组合目标时，有必要对多个目标区分主次。

对组合目标中的目标分出主次，就是根据目标的重要程度，先主动实现某个目标，然后再实现其他核心目标。这个建议，是对始终不要丢失某个目标的重要补充。忽视这个建议，可能会让你陷入困境。比如，很多人试图找一个能够同时实现两种或三种核心目标的路径，在寻找中浪费了大量的时间，自己开始变得很挫败，同时沟通目标也难以实现。面对这种情况，你完全可以先实现某个沟通目标，再实现另一个沟通目标。

◎ 根据对方的反馈及时调整

沟通不是一个人的事情，而是与沟通对象的实时互动，所以你在实现组合目标时，必须关注对方的反馈。只有关注对方的反馈，我们才能够在某些方法无效时，及时调整自己所使用的方法。虽然前面学习的三个建议，能够帮助我们更好地实现组合目标，但它们也不是绝对的。在实现某个沟通目标时，能够及时关注沟通对象的反馈，就不会呆板地使用某个路径，可以让个人在沟通中保持灵活性。对于协作、亲密和影响这三个核心目标，我分别提供了四个基本路径，目的是为了避免某个路径无效的情况。当自己身处某个沟通时，你要告诉自己，过去已经掌握的方法和知识，仅仅是资源，用来帮助你做得更好，而不是用来干扰你进行沟通。

懂得如何实现组合目标，对成为一个优秀的沟通者来说，是非常重要的。现实中，我们遇到的大部分沟通目标都是组合目标，虽然它们彼此并不相同，但实现它们的方式却是相似的：你需要熟悉核心目标的实现路径，同时兼顾全部核心目标，对不同的目标能够区分主次，并时刻关注沟通对象的反馈。

沟通目标的实现路径，并不等于目标的实现。了解路径和建议，仅仅能够帮助我们更高概率地实现沟通目标。沟通者如果没有执行正确路径的能力，那么沟通目标也可能无法有效实现。

值得实现的一切生活目标都需要付诸实践。事实上，生活本身就是一个长期实践过程，是完善我们行动的持续努力。一旦掌握了适当的实践技术，新的学习任务就会变成一种充满快乐和安宁的无压力体验，一个安排你所有生活内容、促进正确看待所有生活难题的过程。

——托马斯·斯特纳

第 10 章 实践极简沟通目标模型

目标模型创造价值的四种途径

对每个人而言，沟通不是最终的目标，沟通只是帮助自己实现目标的重要方式。有的人希望通过沟通，获得高质量的关系，而有的人则希望通过沟通，与他人协作并完成工作。不管你希望通过沟通得到什么，沟通都是你获得自己期待东西的基础。极简沟通目标模型，让我们带着沟通的目标和使命和他人沟通。目标对创造出卓有成效的沟通来说，又是重要的前提。

现在，你已经对极简沟通目标模型有了完整的认识，接下来需要了解，极简沟通目标模型如何创造价值。或许你还记得，极简沟通三剑客的工具，存在两种应用方式，一种是基于工具本身的应用，另一种是基于场景需求的应用。目标模型基于场景需求的应用，会在本书的第五部分详细探讨，接下来我们会探讨基于工具本身的应用。极简沟通目标模型与极简沟通核心原则一样，也通过四种途径来创造价值，这些途径分别是：提醒、定位、激励和指导。

◎ 极简沟通目标模型的提醒

提醒，指的是让工具发挥类似闹钟的作用，确保沟通者始终关注影响沟通结果的重点，避免自己无意识中被大量细节干扰。极简沟通目标模型的提醒，主要体现在以下三个方面。

1. 提醒个人带着目标沟通。有些人在沟通中，没有想过自己的沟通目标是什么，漫无目的地进行沟通。还有些人在沟通中，总是忘记自己的目标。如果没有或忘记沟通目标，个人在沟通中的表达和行为反应，不但没有针对性，甚至还会让沟通朝着完全相反的方向发展。

2. 提醒个人及时检查自己的目标。沟通的时候，实际目标和期待的目标并不总是一致，经常会出现偏差。如果对目标本身缺乏意识，那么当偏差发生时，沟通者难以发现它们。极简沟通目标模型，提醒你在沟通中不断检查自己的目标，当偏差发生时，能够及时发现和纠正它。

3. 提醒个人选择正确的沟通方式。如果人们的观点存在分歧，参与沟通的两个人很容易陷入对立和战斗的状态，或者为这些分歧争论不休，忽视了这些行为方式可能导致的后果。极简沟通目标模型，能够在沟通的时候不断地提醒你选择有效的沟通方式。

◎ 极简沟通目标模型的定位

定位，是极简沟通三剑客工具创造价值的第二个基本途径。指的是让工具发挥类似于GPS的作用，让我们对目前的现状获得清晰的了解。极简沟通目标模型，在沟通中发挥定位价值，主要体现在以下两个方面。

1. 快速确定沟通目标。在复杂的沟通情境中，要快速地知道自己的沟通目标是什么，并不是一件容易的事情。如果你面对的是一个难以获得答案的开放性问题，目标模型会将这个问题变成选择题。掌握极简沟通目标模型，你就可以直接从七种基本目标中，选择与自己当前沟通目标一致的目标。

2. 把握每个沟通的本质。每天人们需要面对很多沟通，有些简单，有些比较复杂，沟通过程中经常会遇到很多干扰。极简沟通目标模型，将具体的沟通目标转换为基本目标，所以它能够让个人在复杂的沟通场景中，始终铭记沟通的本质。

◎ **极简沟通目标模型的激励**

激励，是极简沟通三剑客工具创造价值的第三个基本途径，指的是让工具发挥类似奖杯的作用，促使沟通者朝着一个方向持续努力。极简沟通目标模型带给沟通者的激励，主要体现在以下两个方面。

1.清晰的目标让沟通者更积极主动。很多人之所以无法获得高效的沟通，是因为缺乏清晰明确的沟通目标，总是不知不觉地迷失在具体的对话中。极简沟通目标模型，可以让沟通者拥有清晰的目标和方向，这有助于让他们积极主动地面对当下的沟通。沟通的过程，并不总是一帆风顺，当沟通进行的比较困难时，大部分沟通者都会显得沮丧、焦虑，甚至会放弃沟通，而清晰明确的目标，可以让他们在这个时候拥有更多的动力。

2.简单的目标令沟通者更有信心。有些沟通目标之所以难以实现，是因为沟通者内心对实现这些沟通目标缺乏信心。在这种情况下，一旦沟通遇到阻力，就会立即放弃沟通。极简沟通目标模型，会将复杂的沟通目标简化为基本目标，让沟通者对实现沟通目标更有信心。也更敢于面对阻力和挑战。

◎ **极简沟通目标模型的指导**

指导，是极简沟通三剑客工具创造价值的第四个基本途径。指的是让工具发挥类似导航仪的作用，通过提供行动建议和方法，让沟通者得到满意的沟通结果。极简沟通目标模型带给沟通者的指导，主要体现在以下三个方面。

1.提供核心目标的实现路径。极简沟通目标模型，不只是为我们定义了三种核心目标，而且还为每个核心目标的实现提供了四个基本路径。比如针对协作的核心目标，你可以使用清晰、聚焦、完整和确认的路径。

2.为组合目标的实现提供指导。虽然组合目标由核心目标构成，但仅仅懂得实现核心目标，并不等于实现组合目标。在实现组合目标的过程中，还有很多需要沟通者注意的地方。极简沟通目标模型，提供了一些具体的建议，能够有效指导个人实现组合目标。

3.让沟通目标的实现变得更容易。极简沟通目标模型带来的最重要指导是告别经验和盲目尝试，开始有方法地选择实现目标的方式。我们可以将这种指导，分解为三个具体步骤。首先，你要将实际的沟通目标，转换成目标模型中的七种基本目标；其次，根据基本目标实现的方法，寻找合适的目标实现路径；最后，通过执行这些路径，实现自己的沟通目标。

极简沟通目标模型，通过提醒、定位、激励和指导的方式创造价值。当然如果你只是知道这个工具，从来不去主动应用它，那么极简沟通目标模型，可能会被你逐渐遗忘。很多人只是希望得到卓有成效的沟通，但从来不去采取行动，没有采取行动自然无法让希望变成现实。我之所以特别强调，要主动应用极简沟通目标模型，是因为目标模型是一个工具，任何工具的熟练使用，都需要投入时间和精力去训练。只有当你不断重复使用工具时，你才会对工具变得更熟悉，也更容易让工具创造价值。

对目标模型的常见误解

前面我们花了很多时间和精力，从不同的方面探索了极简沟通目标模型，对极简沟通目标模型你完全掌握了吗？即使掌握了，你是否会有意识地审视自己的认识呢？相比于那些很少审视自己认知的人，懂得及时质疑自己的人，更容易发现自己认知中的错误。过去我在教授极简沟通目标模型的过程中，发现很多人目标模型存在一些误解。接下来，我会对一些常见的误解进行澄清。

◎ 误解一：基本目标等于实际目标

极简沟通目标模型，提供了七种基本目标，这些基本目标构成了一个清单，其中三种为核心目标，四种为组合目标。基本目标，并不等于实际的沟通目标，在具体应用时，我们需要将自己的实际沟通目标，转换为基本目标。比如一位妈妈，想纠正孩子的一个错误行为，她如果没有理解基本目标和实际目标的差异，可能会产生困惑，不知道该怎么使用极简沟通目标模型。因为七种基本目标中，并没有“纠正孩子的错误”这个选项。其实，这位妈妈的实际沟通目标“纠正孩子的错误行为”，如果转换为基本目标就是影响。

将实际目标转换为目标模型中的基本目标，看似要让我们做更多的事情，其实转换能够带来重要的简化。极简沟通目标模型的基本目标，之所以可以代表现实生活中大量的沟通目标，是因为基本目标属于对实际沟通目标的归类，通过归类让人们能够以更简单的方式实现千差万别的沟通目标。

◎ 误解二：目标模型帮自己创造目标

极简沟通目标模型，是帮助个人定位自己沟通目标的工具，无法为个人创造出一个沟通目标。你的沟通目标是什么？这个问题的答案，首先应该在你的心里。面对任何一个沟通时，你要有一些想法，即使这些想法非常模糊和抽象。对于模糊或者难以确定的目标，极简沟通目标模型可以帮到你，让你的沟通目标变得清晰明确。如果你对沟通没有任何一点想法，或者根本就没有沟通的目标，那么目标模型无法为你创造一个沟通目标。

每个沟通者，都是沟通目标的唯一创造者，只有沟通者自己才能够回答，为什么要沟通这个问题。

◎ 误解三：目标模型保证实现沟通目标

在学习极简沟通目标模型的时候，有些学习者以为只要掌握了极简沟通目标模型，就可以在不同的场景或者面对任何沟通时，都可以实现自己的沟通目标。极简沟通目标模型，能够提升目标实现的概率，但并不能保证一定实现沟通目标。关于沟通目标的实现，存在很多影响因素，有时候你不管多么努力，都可能无法实现某个沟通目标。没有人可以保证，一定可以实现所有的沟通目标。如果某些学习仅仅能提高实现目标的概率，并不能百分之百实现目标，是否值得我们投入时间呢？这是每个人都应该思考的问题，这个问题也不仅仅局限在沟通方面。每个人都生活在不确定的世界里，外界环境总是处于动态变化当中，变化导致很多事情没有办法绝对掌控。当然不能完全掌控，不代表你只能被动地接受，只要你能够施加积极的影响，或者改变其中的一部分，那么就应该采取行动，而不是等到自己完全可以掌控之后，才付诸行动。

◎ 误解四：每个目标都是合理的

极简沟通目标模型，虽然可以帮助个人定位自己的沟通目标，但无法做到评估沟通目标是否合理，或者某个沟通目标是否符合伦理道德。比如，某人准备通过沟通将一个假冒商品推销给用户。这个沟通目标虽然也可以看作是影响，但沟通目标本身都是违反法律和伦理道德的。因此在沟通中，除了使用极简目标模型定位目标，以及确定目标的实现路径之外，你还应该主动地思考自己的沟通目标是不是合理。违反法律或道德伦理的沟通目标，即使实现了，往往也不会给自己带来幸福和快乐，甚至会让自己的生活变得更糟糕。极简沟通，致力于帮助人们可以通过沟通获得更多幸福和成功，当然这种幸福和成功，应该是建立在遵守伦理道德和法律基础之上的。

关于极简沟通目标模型，我们已经认识了四个经常会出现的误解，认识并消除这些误解，我们会更好地应用极简沟通目标模型。当然以上的四个误解，并不代表所有的误解，每个人可能持有完全不同的误解。如果你对极简沟通目标模型，依然存在困惑，你可以对前面书中的内容重读一遍，通过重复阅读可能会解决自己的问题，你也可以与更多人一起探讨书里的内容，我相信通过与更多的人讨论，你可以更全面地理解极简沟通目标模型。

实践极简沟通目标模型

在沟通的过程中，我发现很多人都是基于习惯和经验，实现自己的沟通目标，即使他们掌握了极简沟通目标模型，也总是忽视它的存在。为了让目标模型创造价值，你要主动实践它。当然实践的过程可能会经历挑战，但你也会得到巨大的回报。因此为了更好地让大家掌握极简沟通目标模型，我们应该进行一些刻意练习，以下这些刻意练习的任务是我给大家布置的作业。

苏珊是一家外贸公司的部门经理，自己部门当年的一些财务数据，需要跟公司的会计丽莎进行沟通。让苏珊感到为难的是，前不久因为一些事情自己和丽莎发生过争吵，最近两人的关系一直不好。苏珊知道丽莎讨厌自己，所以没有要紧的事，她不会跟丽莎进行沟通。现在苏珊必须得和丽莎共同完成这个工作。

【练习任务】如果你是以上案例中的苏珊，而且你掌握了极简沟通目标模型，那么你觉得自己的基本目标是什么，该如何有效地实现自己的沟通目标呢?

露露是班级里的学习委员，经常帮助同学们解决学习上的困难。最近她发现班级里的王妮，上课时经常走神，而且已经好几次没有按时交作业了。露露从其他同学的口中得知，王妮最近对学习产生了厌倦，多次向同学说学习毫无意义。露露很想知道王妮为什么会产生这样的想法，她希望能通过自己的努力，改变王妮对学习的态度，但是她又不知道如何沟通，才能得到自己想要的结果。面对这个问题，她有些苦恼。

【练习任务】如果你是露露的好朋友，在你了解她的苦恼后，你决定帮助她。最近你刚掌握了极简沟通目标模型，那么你觉得露露的基本沟通目标是什么，存在哪些能够实现她目标的路径，具体应该怎么办？

真如大学毕业后，进入某个大型公司，自己作为新人被分到了客服部。客服部的其他同事与真如的年龄差距较大，真如觉得自己和她们无话可说，也很少主动维护同事之间的关系，于是跟同事相处得不怎么好。后来她发现在工作中，当需要跟同事共同完成某个工作时，总是难以得到同事及时的支持。今天上司给真如安排了一个重要的任务，真如需要同事的协助才能完成。她内心感受到了巨大的压力，非常担心工作无法完成，不知道应该如何跟同事沟通，并获得她们的支持。

【练习任务】如果你是真如的闺蜜，她现在向你求助，而你最近学习了极简沟通目标模型，你会给她提供哪些建议呢？你认为在这个案例中，真如怎么做才能实现自己的沟通目标呢？

在学习极简沟通三剑客的工具时，没有困惑不代表你真的掌握了工具，更大的可能是你对工具，仅仅是浅度的理解。完成以上练习任务时，如果你遇到了一些困惑，千万不要否定自己，这些困惑是非常重要的，是激励你深度学习极简沟通目标模型的关键。

第三部分　小结

如果你想得到有效的沟通，那么你首先得明确自己的沟通目标是什么。极简沟通目标模型，将复杂个性化的沟通目标简化为三种核心目标：协作、亲密和影响。如果你的沟通是和他人共同完成一件事情，那么它就是协作；如果你的沟通是促使彼此关系亲密度发生改变，那么它就是亲密；如果你的沟通是让他人的想法和行为发生改变，那么它就是影响。三种核心目标通过组合会形成四种组合目标，核心目标与组合目标，共同构成了七种基本目标。我们可以将自己遇到的任何一个沟通目标转换成基本目标，并通过一些有效的路径实现它们。

第四部分

极简沟通状态模型

想成为一个优秀的沟通者，你最需要做的事情，就是在沟通过程中真正关注自己的沟通对象。如果所有的人只站在自己的角度和他人对话，那么这些对话，将变成一场难分胜负的辩论。在这样的对话中，每个人都在不断诉说自己认为正确或重要的事情，从不在乎他人的观点。如果双方不改变这一切，即使彼此为这个对话投入了更多时间，声嘶力竭地向对方呐喊，也不会有什么好的沟通效果。

在你未来的人生道路上，你常常会发现不由自主地被当作知己，去倾听你熟人的隐秘。你的高明之处不在于谈论你自己，而在于倾听别人谈论自己。

——夏洛蒂·勃朗特《简爱》

第 11 章　沟通对象和状态模型

请重视你的沟通对象

在沟通中，虽然你是沟通的创造者，但并不是唯一的创造者，沟通对象和你共同创造了每一个沟通。如果你希望得到满意的沟通结果，那么你一定要重视沟通对象，沟通对象是我们将沟通化繁为简过程中，需要特别关注的第三个要素。前两个要素分别是，自己所持有的信念与沟通目标，接下来我们会把注意力放在沟通对象这个要素上。

◎ 忽视沟通对象的体现

我发现很多人的沟通问题，是因为忽视沟通对象而导致的。听到忽视沟通对象这个描述，你可能不以为然，觉得自己并不属于这类人，认为自己总是能够重视沟通对象。其实，很多人仅仅是自认为重视沟通对象，但实际的行为和表现，的确是忽视了沟通对象。这是非常可怕的一种现状，因为自我感觉良好，所以他们也就难以及时纠正自己的错误看法。接下来我们来认识忽视沟通对象的四个常见特征。

自嗨：在沟通中，有些沟通者总是沉浸在自己的世界里，用大量时间谈论自己认为重要的内容，把他人仅仅当作展示自我魅力的观众。

无感：有些沟通者虽然会在沟通中表现出倾听，但这仅仅是礼节性的。真实的情况是，他们对沟通对象表达的内容完全不感兴趣，没有任何好奇心，更不会给予对方同理心。或许他们能够及时回应沟通对象，但并没有认真听对方说什么。

轻视：有些人在沟通之前，对沟通对象存在一些偏见，内心认为对方是无关紧要的人，在和对方沟通的时候，根本不重视对方的观点和想法，总是习惯性地将对方的表达归为无价值的内容。

死板：任何沟通对象都是存在差异的，重视沟通对象就需要个性化地面对每个人。有些沟通者并没有意识到这一点，他们忽视沟通对象的差异，总是用同样的方式面对所有人，这对某个沟通对象来说，显然也是一种忽视。

◎ 忽视沟通对象的后果

如果没有认识到前面介绍的几种特征，很多人可能不会意识到自己在沟通中的行为表现有问题。当某个沟通失败的时候，自然会把沟通失败的原因归到他人头上。在沟通中忽视沟通对象，可能会导致以下三个自然后果。首先忽视沟通对象，难以跟他人建立深度的链接，彼此的沟通只会处在较浅的层次，无法对某个话题进行深入的交流。其次忽视沟通对象，会让你的影响力变得较弱，你所表达的内容，难以有效促使他人改变。忽视沟通对象，还会引发他人糟糕的情绪感受，使他人表现出更多的抵触和对抗，让彼此的沟通陷入困境。

◎ 为什么人们容易忽视沟通对象？

现在你已经知道忽视沟通对象是非常普遍的，也是导致沟通出现问题的主要原因。如果你想改变这一切首先应该了解，为什么很多人总是在沟通中会忽视沟通对象。对大部分人来说，导致自己忽视沟通对象的原因，主要有以下三个原因：

1. 自我视角的习惯。有时候我们会站在他人的角度看待一些事情，但更多的时候我们只会站在自己的角度观察一切，于是在不知不觉中我们会产生一种错觉，以为自己重视的也是他人所重视的，自己认为正确的同样也是他人认为正确的。

2.注意力的稀缺。我们能够专注在一件事情上的注意力是非常有限的，尤其当面对自己不感兴趣的内容时，我们的注意力很容易被其他的事物所吸引。当你没有把注意力放在当前的谈话上时，你自然会忽视你的沟通对象。

3.个人的优越感。人们对自己的看法，也是导致忽视沟通对象的重要原因之一。当个人有强烈的优越感，表现得非常自负的时候，他总是会将自己置于最优先的位置，不会重视沟通对象和他所表达的内容。

◎ 重视沟通对象与平衡原则

前面在讨论沟通对象的时候，你可能会想起极简沟通核心原则中的平衡原则。它让我们意识到自己和沟通对象都很重要，提醒我们平等地看待自己和沟通对象，避免陷入自己更重要或者他人更重要的陷阱式信念当中。平衡原则存在的重要意义，是为了让我们拥有更恰当的信念，而这部分是为了让我们以终为始地进行沟通。

沟通就像一个双人舞，任何结果都是由参与者共同创造的，个人难以单方面获得某个成果。与重视沟通对象相反的是，在沟通中忽视沟通对象的存在，总是从自己的角度出发，创造出一厢情愿的沟通。

人类的两种心理模式

当我们开始重视沟通对象的时候，应该重视些什么呢？面对每一个沟通，我们都希望获得卓有成效的沟通结果，我发现这种结果与沟通对象在沟通中的行为反应有重要的关系。有时候你的沟通对象有强烈的沟通意愿，有时候则没有意愿，有时候表现得友好善意，而有时候表却现出了很强的攻击性。沟通对象这些不同的行为反应，会将沟通带到不同的方向。

◎ **什么影响了对方的行为反应**

在某个沟通中，你的沟通对象为什么会有不同的行为反应呢？人们可能会给出完全不同的答案。有的人认为是对方性格的原因，还有的人认为是对方身份的原因，当然也有人觉得是对方价值观的原因。

如果你假设是对方性格的原因，那么你会渴望获得与性格相关的一些建议。有很多书籍和课程会给你提供类似的建议，它们会将人们的性格分成特定类别，然后告诉你跟不同性格的人该如何相处。其实，这并不是最好的选项。在沟通中要应用这些建议，你首先需要分辨对方是怎样性格的人，但这种性格分类仅仅是对人格的抽象简化，这种简化不能代表真实的沟通对象，同一种性格类型当中的两个人，在沟通中经常会有完全不同的行为反应，套用一种模式很容易弄巧成拙。

对方之所以在沟通中表现出不同的行为反应，并不完全是因为对方的性格，而是源于对方在沟通中的一些决策和判断。了解沟通对象做出决策和判断的机制，有助于我们准确地判断对方在沟通中的行为反应。

◎ **人们如何做出决策和判断**

在探索什么影响了人们的决策和判断时，丹尼尔·卡尼曼的《思考，快与慢》给了我启发。人们做出决策和判断的机制是相似的，主要受到两种心理模式的影响，在书中作者将其称为系统1和系统2，以下是作者在书中对两种模式的介绍：

近几十年来，许多心理学家对人的两种思维模式一直保持着浓厚的兴趣，这两种思维模式是由一张愤怒女性的照片和一道乘法题所引发的，他们还指出了两种模式的许多特征。这里我且采用由心理学家基思·斯坦诺维奇（Keith Stanovich）和理查德·韦斯特（Richard West）率先提出的术语，用以说明大脑中的两套系统，即系统1和系统2。

系统1的运行是无意识且快速的，不怎么费脑力，没有感觉，完全处于自主控制状态。

系统2将注意力转移到需要费脑力的大脑活动上来，例如复杂的运算。系统2的运行通常与行为、选择和专注等主观体验相关联。

这里的系统1和系统2，在丹尼尔·戈尔曼的《情商》中也有提到，丹尼尔·戈尔曼将其称为情绪心理和理性心理。

◎ **情绪心理是什么?**

情绪心理对人类的生存是至关重要的。最初我们的祖先生活在一个充满危险的自然环境中，他们的生命可能随时会受到威胁。在面对这些危险的时刻，他们需要快速地做出反应，时间将是获得求生机会的关键。如果停下来思考自己应该如何行动，很可能会让他们失去生命。

情绪心理是出于直觉本能的，反应非常快速，有时候完全没有逻辑可言，它们鲁莽冲动，拥有强大的力量。比如在沟通的过程中，你受到他人赞美会开心，遇到他人的责骂可能会愤怒，这就是情绪心理发挥作用的例子。在任何沟通中，沟通对象的一部分行为反应，就源自情绪心理。

◎ **理性心理是什么?**

理性心理是帮助人类从一种普通物种，成为主宰这个世界的强大物种的重要因素。理性心理让我们对事物的价值和意义进行判断，从而做出更明智的决策。理性心理具有清醒的意识，需要进行思索，能够完成逻辑推理，它所用的时间会比较长。沟通中，我们的沟通对象，他们的一些行为反应，是由理性心理决定的。

情绪心理和理性心理并不是对立的，它们共同存在于每个沟通中，一起决定着沟通对象的行为反应。情绪心理会让沟通对象快速地保护自己避免伤害，理性心理会让沟通对象，在做出某个行为反应前，衡量利弊得失。认识这两种心理模式，有助于我们了解沟通对象为什么会出现某些行为反应，发现背后的规律。

极简沟通状态模型的建立

前面我们简单地了解了人类的两种心理模式，在沟通中沟通对象通过两种心理模式处理你在沟通中的行为反应。也就是说当沟通进行时，你的行为反应会被对方的两种心理模式加工并产生某些决定和判断，这些决定和判断促使对方做出相应的行为反应。比如，当你指责沟通对象时，对方的情绪心理迅速做出反应，并产生糟糕的情绪感受，这些情绪感受促使对方，可能采取谩骂的方式回应你的指责。

◎ 两个维度与状态模型

在任何一个沟通中，如果你希望对方能够做出好的行为反应，那么你首先应该做出好的行为反应。因为，我们的行为反应会影响到他人的行为反应。因此，沟通者需要了解自己在沟通中所说的话、表现出的肢体动作，所采取的行动，会带给对方怎样的情绪感受，这些情绪感受是好的还是坏的，不同的情绪感受会促使对方表现出不同的行为方式。同时沟通者还要了解，自己在沟通中所说的话、表现出的肢体动作，所采取的行动，带给对方的价值感是高还是低，对方能够认知到的价值感高低，也会影响沟通对象的行为反应。

沟通者在沟通中的行为反应，带给他人的情绪感受好坏以及价值认知高低，分别对应于情绪心理和理性心理，它们是沟通中个人需要特别关注的两个维度。如果将自己在沟通中带给他人的情绪感受好坏做纵轴，把自己带给他人的价值认知高低做横轴，我们就可以定义出四种不同的沟通状态，如图4–11–1所示。

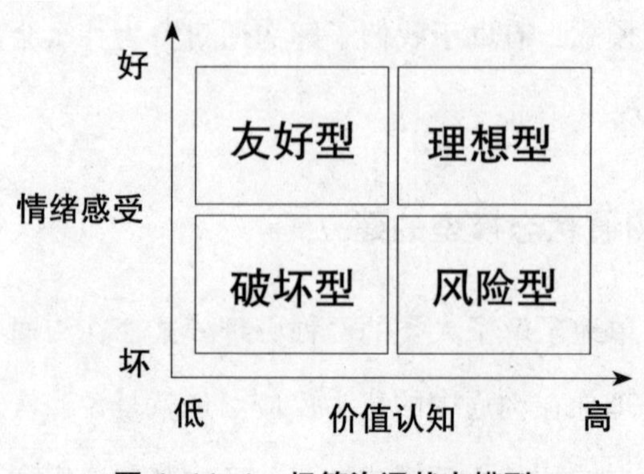

图 4–11–1　极简沟通状态模型

左上角代表沟通带给他人的情绪感受较好，但价值认知较低，我将这种状态命名为“友好型”。左下角代表沟通带给他人的情绪感受较差，同时让他人认知的价值比较低，我将这种状态命名为“破坏型”。右下角代表的是沟通带给他人的情绪感受较差，但价值认知却比较高，我将这种状态命名为“风险型”。右上角代表的是沟通带给他人情绪感受较好，同时带来的价值认知也较高，我将这种状态命名为“理想型”。

以上这个工具就是极简沟通状态模型，是极简沟通三剑客中的最后一个工具，它关注沟通对象，帮助每个沟通者以终为始地创造沟通结果。

◎ 状态的判断

极简沟通状态模型，可以帮助我们对沟通的状态进行定位。判断某个沟通在哪种沟通状态的关键是，站在沟通对象的角度判断，而不是站在自己的角度做出判断。需要主动觉察自己在沟通中的行为反应，带给他人的情绪感受是否是好的，让他人认知到的价值是否是高的。

◎ 模糊定位也有意义

提到定位时，我们可能会关注一个重要的指标，那就是定位的精准程度。根据定位的精度，可以将定位分为：精确定位和模糊定位。精确定位的例子是数学象限图中的某个点，它有个具体的值，比如（-10，20），通过这个值可以得到一个非常准确的唯一位置。与精准定位不同，极简沟通状态模型只能实现模糊定位。极简沟通状态模型，并不会因为无法精确定位而丧失它的价值，它的价值就在实现模糊定位。在实际的沟通中，我们只能粗略预估沟通所处的状态。因此四种沟通状态，我将其称为代表性状态，指的是：实际的某个沟通接近于四种状态中的某一种，并不是绝对等于这种状态。

◎ 两个维度会彼此影响

用带给他人的情绪感受好坏和价值认知高低，定义沟通的状态，并不代表这两个维度毫无关系。有时候带给他人的沟通富有价值，会让对方的感受较好，带给他人的沟通缺乏价值，也可能让对方的感受不好。由此可见，沟通对象认知到的价值高低，可能决定情绪感受的好坏。同样的道理，沟通带给对方的情绪感受很糟糕，沟通对象也可能认为沟通的价值比较低。这个现象告诉我们，如果你呈现给他人的沟通，有一个维度很不好,那么很可能会让另一个维度也变得不好。在四种代表性状态中，友好型和风险型状态是不稳定的，很容易变成破坏型状态。

极简沟通状态模型,对我们创造满意的沟通结果拥有重要的意义。首先，它让我们在创造沟通的时候减少一厢情愿的状态，能够站在沟通对象的角度创造沟通。其次，它可以让我们了解目前沟通状态的特征，及时调整和改变非理想的沟通状态。最后，它还为沟通者提供了一个方向，让其明白理想型是最好的沟通状态。你让人舒服的程度，决定着你所能抵达的高度。

——丹尼尔·戈尔曼《情商》

第 12 章　四种代表性沟通状态

代表性状态之友好型

极简沟通状态模型中，我们首先要认识的一种代表性状态是友好型。如果在沟通中，你的行为反应带给他人的情绪感受是好的，但让对方认知到的价值比较低，那么此刻的沟通就处在友好型的代表性状态。友好型在四种代表性状态中属于中间的状态，它不是糟糕的状态，但同时也不是最好的沟通状态，在某些时候，它能够为沟通带来积极的影响，在另一些时候可能会给沟通带来消极的影响。

◎ 如何理解友好型状态？

要很好地认识友好型的沟通状态，你需要了解以下三个要点：首先，友好型的状态是需要你站在他人的视角来定位的，是对你的行为反应带给他人感受和认知的判断，判断的过程中需要保持客观理性。其次，友好型状态在沟通中是动态变化的，某个沟通不会长时间处在友好型状态，友好型状态可能会变成破坏型状态，也可能会变成理想型状态，这种变化与你在沟通中的行为反应有直接的关系。最后，你还应该了解，友好型状态和讨好型人格并不相同，即使某个人不是讨好型人格，也可能会在沟通中创造出友好型的沟通状态，友好型状态并不是讨好型人格单方面导致的。

◎ 友好型状态会带来什么？

沟通时，创造出友好型的状态，可能会带来以下三个结果，它们分别是：维护彼此的关系、浪费对方的时间和难以有效解决问题。

维护彼此的关系。友好型状态下的沟通，有助于维护自己和他人的关系，尤其在两个人不熟悉的时候，这也是友好型状态的积极意义。虽然友好型状态下的沟通本身缺少价值感，但它可以通过沟通给他人提供陪伴和舒适的感受。

浪费对方的时间。友好型状态下的沟通，对他人而言是缺乏价值感的，他人无法通过你的沟通，获得期待的或有价值的信息。持续这样的沟通，很容易让对方产生浪费时间的感受，从而使沟通状态从友好型变成破坏型。

难以有效解决问题。友好型状态下，沟通者往往会表现得一团和气，不会对某些问题进行深度探讨，刻意回避可能引发他人糟糕情绪感受的话题，只谈论一些无关痛痒的内容，使沟通处在较浅的层次。

◎ 友好型状态的沟通

虽然我们已经认识了友好型状态的主要特点，但这些特点对很多沟通者来说是相对抽象的，需要一些具体的案例，来认识友好型状态的沟通。

吃过晚饭后，爱丽丝带着儿子出去散步，正好碰见邻居格林太太，于是她向格林太太问好，并与其寒暄和闲聊了几分钟，爱丽丝所创造的这个沟通可以看作友好型状态的沟通。以上的问好和闲聊，对格林太太而言，拥有较好的情绪感受，但是价值感并不会很高，当然这样的沟通主要是为了维护邻里之间的关系。

秋荷的阿姨给秋荷介绍了一个相亲对象嘉明，她跟嘉明约到了离自己公司不远的咖啡馆见面。他们在见到后，彼此介绍自己，秋荷为了避免对话陷入尴尬的境地，随便找了一些话题，跟对方聊了起来，并向对方表达了肯定和赞美。此时此刻，秋荷所创造出的沟通，也可以看作一个友好型状态的沟通。

凯瑟琳和丹妮参加完团队会议后，她们进行了一些交流。丹妮希望凯瑟琳能够对自己负责的项目，提供建议和反馈，但凯瑟琳在和丹妮沟通的过程中，花了大量时间赞美丹妮的工作，并说了很多与项目无关的事情。凯瑟琳创造的这个沟通，显然是一个友好型的沟通，虽然她让丹妮的情绪感受是好的，但是并没有让丹妮认知到沟通的价值感。

◎ 为什么创造出友好型状态?

在四种代表性状态中，很多人知道应该努力创造出理想型的沟通状态，但他们在不知不觉中，依然创造出了大量友好型状态的沟通，然而友好型状态并不是最好的状态。那么是什么原因，让人们创造出大量友好型的沟通呢?

1.缺乏专业的能力。如果你想给他人提供有价值的信息，那么就需要你具备一定的专业知识。很多人因为缺乏这些专业知识，所以只能表现得友好、积极和热情，这使他人拥有好的情绪感受，但无法给他人价值感。

2.不解了他人的期待。个人所面对的每个沟通对象并不相同，即使相同的沟通对象，在不同的沟通中期待也存在差异。如果你不了解对方的期待，那么你在沟通中的行为以及表达的内容，自然无法让他人认知到更高的价值。

3.过于在乎对方的感受。面对有些沟通对象，比如自己的上司或者其他令你惧怕的人，你可能习惯性地讨好和取悦对方，这些行为虽然能够带给他人好的情绪感受，但却无法让对方认知到更高的价值。

在四种代表性状态中，友好型属于非理想型的沟通状态，虽然带给沟通对象的情绪感受较好，但不能让对方认知到更高的价值。如果你总是创造出友好型的沟通状态，他人可能会认为你是一个不错的人，但同时认为，你缺乏能力和交往价值。因此，友好型的沟通经常难以帮助你有效地解决问题，面对友好型的沟通状态，你应该努力寻求改变，通过提升沟通的价值感，让友好型变成理想型。除非在某些场景中，真的无法带给他人较高的价值认知，在这样的情况下，友好型的沟通状态也是个不错的选择。

代表性状态之风险型

极简沟通状态模型中，我们要全面认识的第二种代表性状态是风险型。如果你在沟通中的行为和表达带给他人的情绪感受较差，但让他人认知到的价值较高，那么此刻的沟通就处在风险型的代表状态。风险型同样是四种代表性状态里中间的一种状态，它既不是最糟糕的状态，也不是最好的状态。有时候它能够为沟通带来积极的影响，更多的时候会给沟通带来消极的影响。

◎ 如何理解风险型状态？

对风险型的代表性状态有了基本的认识之后，我们需要全面地理解风险型状态。

首先，风险型状态是非常不稳定的，它在沟通中很容易发生变化。当下的沟通是风险型状态，不代表接下来的沟通始终是风险型，风险型状态主要会朝着两个方向变化。朝着破坏型变化，意味着沟通状态越来越糟，朝着理想型变化，表示沟通状态变得更好。

其次，风险型状态与友好型状态完全相反，风险型状态不会直接变成友好型状态，风险型和友好型之间的转化会经历两个步骤，比如风险型变成破坏型，再从破坏型变成友好型。最后我们还应该了解，虽然风险型的状态并不总是带来消极的影响，但相比于友好型状态，它更容易制造出糟糕的沟通，如果你将自己的沟通总是处在这种状态，沟通失败的风险也会更大。

◎ **风险型状态的沟通**

风险型的沟通状态，代表的是创造的沟通让他人有糟糕的情绪感受和较高的价值认知，为了更具体地了解风险型的沟通状态，我们有必要认识一些具体的沟通案例。

艾玛的爸爸约翰发现上高中的女儿艾玛最近开始抽烟了，他无法接受女儿的这种行为，晚上女儿到家后，他跟艾玛进行了一个沟通。对于抽烟这件事情，艾玛表现得很无所谓，这让约翰非常愤怒，他一边责骂女儿，一边讲吸烟可能带给她的危害。约翰所创造的这个沟通，就处在风险型状态。虽然他的沟通让艾玛觉得有价值，但带给艾玛的情绪感受是非常糟糕的。

彼得参加某个团队会议，他和团队成员需要从众多的方案中选择出最好的方案。老板查尔斯也表达了一些自己的建议，面对老板的建议，彼得当着团队成员的面，提出了不同的看法。虽然这些看法让老板查尔斯觉得有价值，但是彼得当众否定自己的行为，让查尔斯产生了非常不好的感受。在这个沟通中，彼得创造的也是风险型的沟通状态。

索菲亚穿了一件裙子，问同事珍妮觉得怎么样，珍妮告诉她，你太胖了，穿什么都不好看，还是努力控制一下自己的体重吧！虽然索菲亚明白珍妮的这些建议是出于好心，有价值，但珍妮的表达让索菲亚的感受非常糟糕。这个案例中，珍妮所创造的沟通同样是风险型的沟通状态。

◎ **风险型状态会带来什么?**

在和他人沟通时，如果你创造出的沟通总是处于风险型，那么它们很容易给你带来以下的结果，这些结果分别是：引发对方的抵触、使他人获得反馈以及制造出更多伤害。

1.引发他人的抵触。风险型状态下的沟通，虽然让他人拥有较高的价值感，但是会带给他人糟糕的情绪感受，这种情绪感受促使他人表现出更多的自我保护，甚至引发他人采取攻击性的行为伤害你。很多人创造出风险型的沟通，是因为他们的沟通方式过于简单直接，不考虑对方是否能够接受，在这种情况下经常让沟通变得低效和复杂。

2.使他人获得反馈。风险型的沟通因为具有较高的价值感，往往能实现当头棒喝的效果。这样的沟通，有时候能够给他人提供准确的反馈，帮助他人意识到问题实现改变。

3.制造出更多伤害。风险型状态下的沟通，非常容易破坏人们之间的关系，带给他人糟糕的感受，并使他人受到伤害。风险型状态的沟通，只是包含很少的同理心，即使沟通者初心是好的，但带来的结果往往是糟糕的。

◎ 为什么创造出风险型状态?

风险型的沟通状态和友好型状态，都不是最糟糕的沟通状态，但也不是最好的沟通状态。

相比于友好型状态，风险型的沟通状态更容易让沟通陷入困境。生活和工作中，风险型状态的沟通随处可见。想要更少地创造出风险型的沟通状态，我们需要了解，很多人为什么会创造出风险型沟通状态。

1.热衷于负向激励。很多人总以为通过惩罚和否定，就可以让对方的某些行为快速发生改变。当他人出现任何问题时，总是优先使用这种方式来和他人进行沟通，甚至他们会认为越是让他人拥有糟糕的情绪感受，越能够让对方有改变的动力，在这种错误的认知下，创造出了大量风险型的沟通。

2. 挑剔和否定的习惯。或许你遇到过一些人，他们难以看到事物背后积极的部分，眼中只有他人的缺点和问题，于是他们会使用批判和否定的方式跟别人沟通。这些习惯让他们总是创造出风险型的沟通状态。

3. 争强好胜的冲动。沟通中有些人总想证明自己，这种争强好胜的冲动，让他们变得缺乏同理心，对他人的情绪感受也漠不关心，为了让自己显得比他人更强或更聪明，总是会毫不留情地指出他人的缺点。于是在不知不觉中，创造了风险型的沟通状态。

当你需要告诉别人一个坏消息，或者批评他人的错误行为时，你可能认为创造出风险型的沟通不是自己的错，也没有什么问题，其实你依然有另一种选择，也就是尽量减弱他人糟糕的情绪感受。即使未必能创造出理想型的沟通状态，你也要为此努力。风险型的沟通状态就如它的名字，沟通中存在较大风险，很容易让沟通变成破坏型状态。当你让他人产生糟糕的情绪感受时，即使你所提供的是富有价值的建议，也可能会让对方拒绝。人在缺乏安全感的情况下，总是优先寻求自我保护，本能性地排斥那些让自己感觉痛苦的建议，不管这些建议是否有价值。

代表性状态之破坏型

极简沟通状态模型中，我们要认识的第三种代表性状态是破坏型。如果你在沟通中的行为和表达，带给他人的情绪感受比较差，同时让他人认知到的价值比较低，那么当前的沟通就处在破坏型状态，破坏型状态是四种代表性状态中，最糟糕的一种状态，它无法给沟通带来积极的影响，只会让沟通陷入困境，因此破坏型沟通状态是我们需要完全避免的。

◎ **如何理解破坏型状态？**

破坏型状态是最糟糕的状态，我们应该比其他几种状态花更多的时间了解它，以下三个要点可以帮助我们更全面地认识破坏型状态。

首先，破坏型状态与友好型和风险型状态完全不同，它不会给沟通带来积极的影响，只会让沟通变得更糟糕，我们的目标是减少或避免创造出破坏型的沟通状态。

其次，破坏型的状态可以改变，只不过改变的难度相对较大，当你在沟通中的行为和表达，已经带给他人糟糕的情绪体验和较低的价值认知时，要改变这种现状你需要付出更多的努力。虽然很难，但也应该做出改变的努力。如果不做出努力，破坏型状态很容易让沟通中的互动变成一种恶性循环。

最后，我们还应该了解破坏型状态的变化存在两条路径。你可以将破坏型变成友好型，也可以将破坏型变成风险型，再将友好型或风险型状态，变成理想型状态。一般情况下我建议你选择破坏型变成友好型的路径，因为这条路径往往更容易实现积极的改变。

◎ **破坏型状态会带来什么？**

你希望通过沟通实现某个结果时，破坏型状态的沟通就是一个灾难，它会阻碍你实现自己的沟通目标。如果你总是创造出破坏型的沟通状态，那么它会带来三个糟糕的结果，分别是：引发对方最糟糕的行为反应、无法有效解决问题、严重破坏你和他人的关系。

1.引发对方最糟糕的行为反应。几乎所有人都渴望自己被他人善意相待，但如果你总是创造破坏型的沟通状态，那么这个期待便无法实现。如果说每个人心里都有一个天使和魔鬼，那么破坏型状态下的沟通，会释放他人内心的魔鬼，促使对方用最糟糕的行为方式回应你。

2. 无法有效解决问题。破坏型状态下的沟通，会让沟通解决问题的概率变得更低，甚至持续的沟通会让问题变得更棘手。如果你带给他人糟糕的情绪感受，同时让他人无法认知到价值，那么对方更多的注意力会集中在如何保护自己上面，不会主动和你解决问题。

3. 严重破坏你和他人的关系。如果你想跟他人维持较好的关系，那么千万不要创造出大量破坏型的沟通，它只会让你和对方的关系变得更糟糕。破坏型状态下的沟通，不能为对方带来快乐和幸福，只会带给对方更多的伤害，消耗彼此的精力。破坏型状态的沟通是关系的杀手。

◎ 破坏型状态的沟通

每个沟通者不仅仅需要知道破坏型状态的沟通代表的是什么，还应该主动地了解生活和工作中破坏型的沟通。因为很多人总是在不知不觉中，创造出破坏型的沟通状态。

福特和米娅是一对情侣，两人相约晚上七点一起看电影。米娅在七点前到了电影院，却始终没有看到福特的身影，打电话给福特，而福特的电话已经关机。米娅非常着急，也很生气，直到晚上八点米娅才见到福特。面对米娅的生气福特感觉很无辜，认为自己不是故意的，觉得米娅不应该生这么大气。看完电影后福特向米娅表达了自己的想法，于是福特和米娅吵了起来。显然福特创造的是一个破坏型的沟通，他的行为和表达让米娅的情绪感受很糟糕，表达的内容也无法让米娅认知到价值。

尼克向老板艾伦提交了一份工作报告，艾伦对报告的内容非常不满意，他找到了尼克，并当着多位同事的面，指责尼克的报告写得非常失败。面对艾伦的指责，尼克也表现得很愤怒，认为艾伦是有意针对他，于是彼此陷入了争吵。艾伦创造的这个沟通，也是一个破坏型状态的沟通。他既带给了尼克糟糕的情绪感受，同时也没有让尼克认知到表达的价值。

保罗去饮品店准备买一杯饮品，店员在制作饮品时，忘记了保罗的要求，保罗发现后非常愤怒，他开始指责店员。店员向他道歉，并愿意为他重做一杯，但保罗认为店员浪费了自己的时间，依然在指责店员的错误，于是彼此陷入了争吵。保罗所创造的这个沟通，同样处在破坏型状态。

◎ **为什么创造出破坏型状态？**

破坏型状态是最糟糕的一种沟通状态，它无法帮助个人实现自己的沟通目标，可能会让沟通变得艰难。很多人虽然知道破坏型沟通状态的危害，但是他们依然创造了很多破坏型状态的沟通，那么是什么原因导致了这个结果呢？

1. 偏见和错误的标签。人们对他人的看法并非总是准确客观，也许存在很多偏见。当一个人内心持有强烈的偏见，并为他人贴上错误的标签时，他们在和别人沟通时，容易使用错误的方式面对他人。这会让沟通对象产生糟糕的情绪感受，同时也无法认知到更高的价值。

2. 报复和惩罚他人。人们在沟通中，可能存在一些期待，希望这些期待被对方满足，如果沟通对象忽视了这些期待，或者无法满足，很多人就会产生报复他人的想法，倾向于使用糟糕的行为方式与对方沟通，以此来惩罚对方。显然这样的选择，只会制造出大量破坏型沟通。

3. 分歧和冲突。面对彼此存在巨大分歧和冲突的沟通对象，很多人都倾向于捍卫自己的观点和选择，对他人的观点和选择总是排斥和拒绝。你越是渴望说服他人，让他人放弃自己的观点和选择，越会让沟通对象产生糟糕的情绪感受，也不会让对方认知到更高的价值。破坏型是四种代表性状态中最糟糕的一种沟通状态，不管你是跟谁沟通，它都会带来不好的结果。如果你和他人的沟通正处在破坏型的状态，那么你要积极寻求改变。你可以提升沟通带给他人的情绪感受，让沟通状态变成友好型，也可以通过沟通带给他人更高的价值感，让沟通状态变成风险型。如果实在难以改变，你也可以暂停沟通，避免让沟通变得更糟糕。

没有人可以保证自己不会创造出破坏型的沟通状态。无论如何，面对破坏型的沟通状态时，你一定要告诉自己：主动做些什么，而不是任由破坏型的沟通一直持续下去。

代表性状态之理想型

极简沟通状态模型中，我们需要认识的最后一种代表性状态是理想型。如果沟通中你的行为和表达带给他人的情绪感受很好，同时让他人认知到的价值比较高，那么当下的沟通就处在理想型的代表性状态。理想型是四种代表性状态中，最好的一种沟通状态，它能够高概率地促进沟通朝着积极的方向发展，帮助你得到满意的沟通结果。理想型沟通状态是我们在任何沟通中，都需要努力达到的一种状态。

◎ 如何看待理想型状态？

我们不但要知道理想型状态代表什么，还需要对理想型状态有深度的认识，关于理想型状态我们还应该认识以下三个要点。

首先，理想型状态和破坏型状态是对立的，分别位于状态模型的两端，破坏型是最糟糕的沟通状态，沟通者需要努力避免，而理想型状态是最好的沟通状态，沟通者需要努力创造。

其次，理想型状态是可以实现的。有些人认为理想型状态仅仅是一种理想，这样的想法是错误的，每个人在生活和工作中都创造过一些理想型状态的沟通，只要你愿意，未来还可以创造出更多的理想型状态。

最后，我们应该了解理想型状态在沟通中的变化。友好型状态可以通过提升价值感变成理想型，风险型状态可以通过提升情绪感受变成理想型，破坏型可以先变成友好型或风险型，再变成理想型。理想型的沟通状态不是静止的，是动态变化的，它会变成友好型、风险型和破坏型状态中的任何一种。

◎ 理想型状态会带来什么？

理想型的状态，是四种代表性状态中最好的状态，也是我们时刻努力的方向。在沟通中创造出理想型的沟通，能够为个人带来以下三个好的结果，分别是：有效达成共识、让关系更好地发展以及促使他人发生改变。

有效达成共识。如果你能够让他人有积极的情绪感受，他人会更有意愿对话，并接纳你的建议。如果你能够让他人认知到较高的价值感，他人更愿意为你做出让步。理想型状态下的沟通，能够有效地化解你和他人的分歧和冲突，促使彼此达成共识。

让关系更好地发展。理想型状态下的沟通，会带给他人积极的情绪感受，这会让你成为更受欢迎的人，大部分人都愿意与那些让自己感觉舒适的人交往。同时理想型状态下的沟通，会带给他人更高的价值感，这会让对方认为你是一个有能力的人，与你建立关系可以得到更大的回报。

促使他人实现改变。当你希望影响他人做出某些改变时，你一定要明白只有对方愿意改变，那么改变才能够实现。理想型状态下的沟通，会让他人拥有更强的改变意愿。

◎ 理想型状态的沟通

要创造出理想型状态的沟通，你需要让自己在沟通中的行为和表达，带给他人积极的情绪感受和较高的价值认知，这在很多人看来是非常难的事情。事实上理想型的沟通，大量存在于我们的生活和工作中。

王丽参加完高考后，成绩非常不理想，想要放弃上大学，计划外出打工。她把这个想法告诉了妈妈，妈妈并没有为此责骂王丽。妈妈告诉她，这个选择非常重要，可能会影响人的一生，王丽拥有最终的决定权。如果实在不想上学，妈妈也不会强求，妈妈说在做这个选择前，应该了解不同选择的后果。于是，她和妈妈共同分析了各种可能性，最终王丽打消了辍学的念头，自己愿意去参加复读。以上王丽妈妈所创造的这个沟通，就是理想型状态的沟通。

安德鲁和比尔是同事，他们经常互相帮助，有一天安德鲁手头的工作需要他人协助，于是他去找比尔帮忙。比尔告诉他，自己需要完成一份文案没有时间。安德鲁离开10分钟后，比尔接到上司的电话，说这份文案不需要了。现在比尔手头的工作全部都完成了，就去了健身房。安德鲁后来看到比尔在健身房，以为比尔骗了自己。于是在接下来的几天中，安德鲁一直不理比尔。比尔很苦恼，不知道发生了什么。比尔询问安德鲁为什么不理自己，是不是自己做错了什么，于是安德鲁说了上次帮忙的事情。比尔赶紧向安德鲁道歉，并说明了当时的情况。他告诉安德鲁，自己一直记得对方给予他的大量帮助，他也愿意时刻为安德鲁提供支持，并保证以后遇到这样的情况，一定先联系他是否还需要帮助，而不是直接选择去健身房。经过沟通安德鲁原谅了比尔。

艾莉和露西是大学室友，艾莉总是喜欢早起，然后在宿舍里制造出很多声音，这让希望继续睡觉的露西很苦恼。这天艾莉又早早起床，并且放起了音乐，严重打扰到了露西。露西调整自己的情绪，没有指责艾莉，只是向艾莉分享了自己的困扰，邀请艾莉一起寻找解决当下问题的方案。艾莉意识到了自己的问题，向露西表达了歉意，于是两个人共同制订了一个作息计划，并且艾莉答应露西，以后一定不会制造更多的声音，干扰露西休息。

◎ 哪些人容易创造出理想型状态？

虽然每个人都创造过理想型的沟通状态，但只有少数人能在大量的沟通中创造出理想型的沟通。你可能会问：为什么他们能够创造出理想型的沟通状态呢？通过观察，我发现他们身上有一些相似的特征。

1. 愿意了解沟通情境和对象。沟通中要想带给他人较高的价值认知，那么你的表达和行为反应需要是恰当的。而要提供恰当的内容，自然少不了对沟通背景和对象的了解。沟通者越是愿意了解这些信息，越能够让他人拥有较高的价值认知，越能够更好地满足沟通对象的期待。

2. 视对方为理性独立的个体。虽然这个世界上，不存在绝对理性和独立的人，但如果你在沟通时，能够相信对方是个理性独立的个体，那么你就愿意给对方更多尊重，愿意让对方自己做出决定和判断。这种行为表现会带给他人积极的情绪感受，同时有助于让你为他人提供富有价值的内容。

3. 懂得管理自己的情绪。如果你要创造出理想型的沟通状态，那么懂得管理自己的情绪则是非常重要的。一个容易情绪失控的人，他要创造出理想型的沟通状态，会遇到非常多的阻力。情绪在沟通中具有传染性，当你表现出强烈的糟糕情绪时，同样会引发他人出现糟糕的情绪体验。另外，当你深陷某种强烈的情绪时，你的大脑会被情绪干扰，难以理性地思考，自然无法为他人提供有价值的内容。

理想型的沟通状态，是我们沟通时，要始终努力的方向。即使当前的沟通非常复杂，难以变成理想型状态，你也要坚持这个方向。比如，你的沟通目前处在破坏型状态，你需要努力提升对方的情绪感受，让对方拥有更高的价值感。即使做到这一切非常艰难，你也要通过努力实现某些改变。你可以先让它变成友好型或风险型，然后再从友好型或风险型变成理想型。

每个理想型的沟通状态，都需要个人付出努力，虽然我们无法保证每次都得到理想型的沟通，但它们可以让我们拥有更强的能力，创造出自己期待的沟通结果。

每个人都有一定的理想，这种理想决定着他的努力和判断的方向。

—— 阿尔伯特·爱因斯坦

第 13 章　创造理想型的沟通状态

判断四种代表性状态

经过对四种代表性状态的全面探索，我相信很多人可以快速地说出每种代表性状态的特征，但这并不能代表面对某个实际的沟通时，大家都能够准确地判断出当前的沟通处在哪一种代表性状态。如果个人无法准确地判断当前的沟通状态，那么也就不知道该做些什么，让当前的沟通变成理想型的状态。因此，想要理想型的沟通状态，我们首先应该成为一个能够对当前的沟通状态，进行准确判断的人。

◎ 判断需站在他人的角度

极简沟通状态模型，是针对沟通对象而创造的工具，每种状态的定位，都需要以沟通对象的情绪感受和价值认知为依据。如果你觉得某个沟通带给他人的情绪感受是好的，但他人真实感受到的情绪是非常糟糕的，那么这个沟通一定不会是友好型或理想型，只可能是破坏型或风险型。同样某个沟通你认为带给他人的价值感较高，如果对方认知到的价值比较低，那么这个沟通不可能是理想型或风险型，只可能是破坏型或友好型。

切记四种代表性状态的判断，是以他人的情绪感受和价值认知为依据。很多人之所以出现巨大的判断错误，都是因为只站在自己的立场做出判断。极简沟通状态模型的首要使命，并不是让你定位当前的沟通状态说什么，而是让你学会站在他人的角度感受和思考。沟通者要判断当前的沟通状态，首先需要站在他人的角度去感受和思考，没有这个行动，单纯判断状态是毫无意义的。

◎ **代表性状态判断的挑战**

面对自己的情绪感受好坏和价值认知高低，我们很容易得出结论，但是要对他人的情绪感受和价值认知做出判断，将是非常难的一件事情。你无法直接得到结论，只能通过间接的方式得出结论，而且这些结论还不能保证百分之百准确。

另外，人们在沟通中，可能不直接表达自己的情绪感受和价值认知，甚至有时候会刻意隐藏或误导他人。因此要准确地实现判断，是一件非常有挑战的任务，始终存在大量的干扰和阻力。所以沟通者必须学习和掌握一些判断的技巧。关于代表性状态的判断，沟通者需要掌握以下三个重要技巧，分别是：倾听表达的内容、观察对方的肢体语言、预测可能的感受和认知。

◎ **倾听表达的内容**

如果你想了解自己在沟通中的行为和表达，带给他人的情绪感受和价值认知，那么你首先应该学会用心倾听他人所表达的内容。当对方产生糟糕的情绪感受时，这些情绪感受往往会包含在对方所说的话里面。比如，你的沟通对象说“你让我很生气”，这意味着你让对方拥有了糟糕的情绪感受。当对方认知到的价值感比较低时，对方也可能会在语言中表达这些信息。比如，你的沟通对象会说：“你到底想说什么？”只要你愿意主动倾听对方的语言表达，那么你就能更高概率地做出准确判断。

当然倾听对方语言的能力，人们存在一些显著的差异。有的人总能够听明白他人的言外之意，而有些人面对他人很直接的表达，都不了解背后的含义。如果你觉得这方面的能力很差，你可以通过有意识的训练，让自己变得更善于倾听。

◎ **观察对方的肢体语言**

仅仅倾听对方表达的内容还是不够的，你想准确地判断带给他人的情绪感受和价值认知，你还要善于观察对方的肢体语言。对方的情绪感受好坏，可能会通过肢体语言表现出来。如果对方产生了明显不开心的表情，或者将双手放在胸前，呈现出防卫性的肢体动作，很可能说明你让对方有了糟糕的情绪感受。

对方认知到的价值高低，也总是会通过肢体语言表现出来，比如对方表现出不耐烦的表情，不再主动回应你的表达，或者出现频繁看手机等行为动作时，你的沟通无法让对方认知到更高的价值。在和他人沟通时，说明你要主动观察他人的表情和行为动作，可以做出准确的判断，相比于他人说出来的话，肢体语言往往更准确和真实。人们在语言中隐藏真实的情绪感受和价值认知，要比在肢体语言中隐藏它们更容易。

◎ **预测可能的感受和认知**

倾听对方表达的内容和观察对方的肢体语言，是做出准确判断最重要的两种途径。但它们也存在一些局限，只有当他人展示相应的信息时，你才能了解到自己带给他人的情绪感受和价值认知。如果对方没有表达任何信息，你无法从前面的两种途径做出判断。

有时候你必须在沟通发生之前，或对方没有做出表达之前，判断沟通的状态。这时候的技巧是利用你的直觉和经验，预测你可能带给他人的情绪感受和价值认知。比如，当你表达的内容是对他人的肯定和赞美时，往往会让他人有好的情绪感受，当你表达的内容能够有效地帮助他人解决问题时，他人往往会认知到更高的价值感。预测不同于倾听和观察，本质上它是一种主观的猜测，准确度自然要比倾听和观察更低，所以你需要不断去验证自己的预测，而不是盲目地相信自己得出结论。

沟通中，使用极简沟通状态模型创造价值，离不开对四种代表性状态的准确判断。不管你是在跟谁沟通，不管你是在哪个场景中沟通，你都需要了解目前的沟通处于哪种代表性状态。如果当前的沟通是友好型状态，那么你需要努力让他人认知到更高的价值；如果当前的沟通是风险型状态，你需要提升沟通带给他人的情绪感受；如果当前的沟通是破坏型，你需要采取行动改变目前的现状。面对任何一个沟通，只有当你这么做的时候，你才能够真正创造出更多理想型的沟通状态。

如何让他人拥有好的情绪感受？

如果你发现自己所创造的沟通，处在风险型状态或者破坏型状态，那么让沟通状态变成理想型的唯一途径是，让沟通对象拥有更好的情绪感受，只有提升了对方的情绪感受，你才能够成功地让沟通状态，从风险型或破坏型变成理想型或友好型。

明白这一点比较容易，但要在某个真实的沟通中实现改变却并不容易。那么，如何能让自己的沟通，带给他人更好的情绪感受呢？如果你能让自己在沟通中的表达和行为反应，靠近以下四个标准，那么更有可能让他人的情绪感受变得更好。这四个标准分别是：让对方感受到尊重、让对方感受到关心、让对方感受到肯定、为对方提供好消息。

◎ 安全感：让对方感受到尊重

给予他人尊重和友好，之所以会为对方带来更好的情绪感受，是因为这些信息会让对方更有安全感。每个人都有自我保护的需求，都希望自己在和他人相处中不会受到伤害，当发现他人可能让自己陷入危险的境地时，会产生糟糕的情绪感受，并启动防卫和自我保护。另外尊重和友好，还会让对方对自己更满意。

与尊重和友好相反的是威胁、惩罚、强迫。如果你在沟通中的表达和行为反应，包含以上的信息，它会迅速破坏对方内心的安全感，让他人立即产生糟糕的情绪感受。比如我曾经听过一位老板对自己的下属说：“你能干就干，干不了就滚蛋！”没有一个下属在听到这样的表达时感觉良好，类似的话只会引发对方糟糕的情绪感受。

那么怎样的表达和行为，会让对方觉得你是尊重友好的呢？一般情况下，当你愿意接纳对方不同的选择，使对方意识到更多自由的时候；当你的行为举止得体礼貌，使用文明的词汇表达想法和观点的时候；当你表现得中立公正，能够公平地面对每个人的时候。

◎ 在乎：让对方感受到关心

人们都希望自己能被他人重视，得到他人的善待。如果有人愿意这样对自己，内心则会感到温暖和快乐。因此沟通中你的表达和行为反应，使对方觉得自己被真正在乎和关心时，对方的情绪感受会更好。人与人之间的关系具有亲近和疏远的差别，关心和在乎经常存在于那些关系亲近的人之间。真正在乎和关心他人，不但会让他人拥有好的情绪感受，还会让你们彼此的关系变得更亲近。

与关心和在乎相反的是忽视和冷漠，如果你的表达和行为，使对方接收到的信息是忽视和冷漠，那么对方一定会感到很不爽。没有人愿意靠近那些总是忽视自己，或者对自己表现冷漠的人。某些时刻忽视和冷漠，还会带给他人伤害和痛苦。比如，你的女朋友生病了，当她告诉你这个信息的时候，你没有表达更多的关心，仅仅告诉她按时吃药，对方很可能会非常失望。为了让他人觉得你在乎他，你应该对他人的利益和权益表现出关切，愿意保护和捍卫它们；你还应该主动分配更多的时间，给予对方陪伴和照顾；你应该表现出更多的同理心，对他人不好的遭遇表达遗憾，对他人的成功和进步给予祝贺；如果你能够在生活和工作中愿意做好这些事情，那么你自然能够让他人拥有更多积极的情绪感受。

◎ **认同：让对方感受到肯定**

几乎所有人都渴望自己被他人肯定和认同，如果从他人的表达和行为反应中，可以得到这些信息，那么情绪感受往往会更好。因此，按照这个标准和他人互动，你的沟通带给他人的情绪感受也会更好。给予肯定和认同之所以有效，是因为这些信息涉及个人的自我评价。别人肯定和认同自己，往往意味着自己很棒，这会让个人感觉良好。

与肯定和认同相反的是否定和排挤，这会让他人感觉自己是差劲的，自然会产生糟糕的情绪感受。人们对他人的否定和排挤的信息非常敏感，有时候你没有明确表达这些信息，但对方依然可以从你的表达中敏锐地觉察到你的否定和排极。比如同事将自己的一篇文章发给你看，你告诉对方可以再修改一下，虽然你没有直接给对方否定，但是对方依然可以从你的建议中，明确地感受到否定。某件事情如果他人做得不好，你应该从他人做这件事情的过程中，寻找对方值得肯定和认同的部分，把这些好的部分一并告诉对方，而不是只向对方反馈不好的部分。

在给予他人认同和肯定的时候，一定要让对方知道你对他们的观点和想法是理解的，如果对方发现你没有准确理解，那么你的肯定和认同则缺乏针对性，也不会让对方拥有更好的情绪感受。同时在给他人肯定和认同的时候，你需要表现出足够的真诚，如果对方认为你的肯定和认同包含着某些不好的意图，那么对方就会把你的表达看作是虚伪，这可能会带给对方糟糕的情绪感受。

◎ 喜讯：为对方提供好消息

每个人都希望听到好消息，如果你要分享的内容对他人是个好消息，那么对方自然会拥有更好的情绪感受。比如对参加完考试等待自己成绩的人来说，当你把对方获得好成绩的消息，传递给对方时，对方很可能激动地感谢你。那些能够带给我们好消息的人，人们会在内心把他们当作天使。当你分享好消息时，不是你本身受到欢迎，而是提供的喜讯让你变得更受欢迎。

在很多沟通中，你不得不告诉他人坏消息。坏消息会带给他人糟糕的情绪感受，这些消息本身有时候也会连累传递信息的人，让他人讨厌你。因此，当你要向别人表达一个坏消息时，你一定要注意表达的方式，在表达的过程中尽量呈现更多的同理心。这个过程中千万不要让对方觉得你有幸灾乐祸的倾向，不然对方会非常愤怒。

虽然我们希望告诉他人更多好消息，但现实的情况是，没有那么多好消息告诉他人。沟通中要表达的内容，经常不是我们单方面决定的，大部分所要分享的信息可能是中性的，它们既不是好消息，也不是坏消息。

面对中性的信息，我们可以对其进行加工，从它们当中提炼出一些积极的意义，这也能够让他人拥有更好的情绪感受。比如你的某位同事需要去一个城市出差，这是他的本职工作，所以算不上好消息或坏消息，但你可以告诉对方，这几天正好是某某城市最美的时节，类似的表达会让本来中性的信息，多了几分积极的含义，也更能够让对方拥有好的情绪感受。

关于如何让他人拥有更好的情绪感受，现在我们已经有了一些答案，就是让对方感受到肯定、让对方感受到尊重、让对方感受到关心、为对方提供好消息。未来你不但要记住和理解它们，你还要努力让自己的沟通靠近这些标准。在任何沟通中，当你以这些标准要求自己时，你就可以高概率地创造出让他人感受更好的沟通。

在某些时候，当你发现自己创造的沟通处在风险型或破坏型时，只要你愿意按照以上标准进行沟通，那么你会更有可能创造出理想型的沟通状态。一个知道如何让他人拥有更好情绪感受的人，会在沟通中更欢迎，也会收获更多的幸福和成功。

如何让对方认知到更高的价值？

在某个对话中，你发现自己创造的沟通处在友好型或破坏型，为了得到理想型的沟通状态，你需要让自己在沟通中的表达和行为，使他人认知到更高的价值。只有这样做，你才有可能将目前友好型或破坏型的沟通，变成理想型状态。如何让自己的表达和行为，使对方拥有较高的价值认知呢？我发现当你在沟通中的表达和行为，靠近以下四个标准时，他人才会认知到更高的价值，这四个标准分别是：能解决对方的问题、让对方变得更好、符合对方的兴趣、提供客观真实的信息。

◎ 有用：能解决对方的问题

很多人之所以愿意花时间和精力沟通，是希望通过沟通实现某个目标或者解决相应的问题，如果他人可以帮助你实现目标和解决问题，那么你就会认为对方的沟通拥有更高的价值。同样的道理，当你希望沟通带给他人更高的价值认知时，那么你不妨先让自己的沟通变得有用。没有人会把能替自己实现目标或有效解决问题的沟通，定义为低价值的沟通。因此，创造有用的沟通是每个沟通者都应该给自己设定的基本标准。

与能够解决问题相反的是，无法解决问题或者答非所问的沟通。每个人的时间和精力都是有限的，谁也不希望将时间和精力浪费在那些无用的沟通上。创造这样的沟通，不但会让他人浪费时间，而且对你自己来说也是一种时间和精力的浪费。

怎样才能够创造出对他人有用的沟通呢？其实做到这一切并不难，在每个沟通中，你要主动去了解他人当前面临的问题。这些行动有助于让你为对方提供有意义的内容，并有效帮助对方解决问题。同时你还应该关注对方的期待。同样是解决问题，有的人期待你能够帮他深度地分析问题，有的人则希望你能够提供可执行的行动建议。关于有用的内容，人们拥有不同的评判标准，了解对方的期待就是认识这些标准，从而使你创造出令他人觉得有价值的沟通。

◎ 成长：让对方变得更好

大部分人都非常渴望成为更好的自己，如果某个沟通能让自己得到成长并获得进步，那么他们会认为这样的沟通是有价值的。沟通和自我发展具有很高的相关性，我们的很多进步和改变都源于和他人的沟通。当你希望沟通被他人认知到更高的价值时，你可以让自己在沟通中的表达和行为，使对方得到成长和进步。这样的沟通会让对方觉得有意义，也愿意为此投入更多的时间。

并不是所有的沟通都能让他人变得更好，有些沟通谈论的是没有营养的话题，或者会阻碍他人成长的内容，当他人给你的沟通贴上这样的标签时，就会认为你创造的沟通缺乏价值。比如，你认为某个观点非常重要，但你不知道的是，对方已经听了十几遍了，当你在兴致勃勃地谈论这些观点时，对方很可能觉得你所表达的内容是毫无价值的。另外，对于很多关注自我成长的人来说，比较喜欢积极的内容，对于消极负面的内容比较抵触，当你提供这些内容时，对方也会觉得你创造的沟通缺乏价值。

如果你希望创造出能够带给他人成长的沟通，那么有哪些具体的建议呢？你可以向对方分享一些大多数人未知的，可以开阔对方眼界的内容。

你还可以表达一些，能够打破对方固有认知的信息。除了以上两个建议，有时候为对方提供一些重要的反馈，使其注意到某些被自己忽视的现象，也是带给他人成长。当你努力创造能让他人变得更好的沟通时，对方一般会认为这些沟通拥有更高的价值。

◎ 有趣：符合对方的兴趣

我们不是对所有的事物都感兴趣，而是仅仅对一些事物拥有更强的兴趣，如果他人提供的内容是我们感兴趣的，那么就会认为拥有更高的价值。当然兴趣属于个人偏好，人与人之间存在很大的差异，你感兴趣的内容，别人可能完全不感兴趣，同样他人有兴趣的内容，你可能没有兴趣。我们经常听到“有趣”这个词，面对有趣的内容人们愿意投入更多的时间关注，如果你想让自己的沟通带给他人更高的价值感，那么不妨让自己的沟通变得更有趣。

与有趣相反的是枯燥和无聊，很多人在不知不觉中让沟通变得枯燥无聊，面对枯燥和无聊的内容，人们会本能地逃离，如果无法逃离，也会把注意力放在那些比当下的沟通更有趣的事物上。比如，爸爸正在给罗伯特讲道理，罗伯特低着头看起来听得很认真，其实他在观察地上的一只蚂蚁。对他而言那只蚂蚁比爸爸的道理有趣多了。

让自己的沟通有趣,这对很多人来说是非常难的问题，怎么样才能创造出有趣的沟通？在这里我会给你提供三个建议。

首先，你应该激发他人的好奇心，如果你的表达能够引发对方的好奇心，那么这些内容便更有趣。比如，你今天穿了一件裙子，你告诉朋友之所以穿这件裙子是有一些特殊的意义，这时候你的朋友一定会充满好奇，想弄明白到底是什么意义，接下来你要表达的内容，对他便拥有更高的价值感。

其次，你应该让自己的沟通和他人感兴趣的事物建立联系。比如，一位老师知道自己的学生喜欢足球，他把自己教的物理和足球联系了起来，通过足球中的一些例子，来给学生教力学的知识，这让他的学生感觉非常有趣。

最后，你还可以让沟通的内容带给对方更好的体验。比如给对方讲一个故事，显然这要比给对方罗列观点更好。除了以上三个建议，你还可以找到更多方法。当你能够让自己的沟通靠近有趣这个标准时，一定会让他人认知到更高的价值。

◎ 准确：提供客观真实的信息

沟通中，我们不只是希望获得与自我相关的信息，还希望了解他人的现状，以及其他地方发生的事情。如果他人能够为你提供一些客观真实的信息，让你对他人、环境和世界有更多的认识，那么你会觉得这些沟通是富有价值的。当你希望创造出更有价值的沟通时，你可以通过为对方提供客观真实的信息，来实现自己的目标。

与提供客观真实信息相反的是，为对方提供过时的、错误的、欺骗对方的信息。如果他人将你的沟通贴上以上的这些标签，那么就会认为你的沟通是低价值的，甚至可能引发对方糟糕的情绪感受。比如，一位管理者总是通过一位下属了解其他下属的想法，后来当他知道这位下属告诉自己的很多信息其实是虚假的，那么他以后便不会再认为下属所表达的内容是有价值的。

虽然真实很重要，但并不是所有真实的信息，都会让他人觉得有价值。个人所提供的信息，还应该是符合逻辑和客观规律的，如果你表达的内容缺乏逻辑和正确性，他人自然不会觉得你所说的内容有价值。另外，任何信息都有时效性，某些时刻有价值的信息，在另一些时刻可能就没价值。

比如，室友准备出门，你告诉他下雨了记得带伞，这个信息是有价值的，但如果你的室友离开了宿舍，发现下雨并上楼来取伞，你再提醒对方下雨了记得带伞，这个信息便是毫无价值的。

创造让他人可以认知到价值的沟通，不仅仅是为了不浪费他人的时间，同时也是为了不浪费自己的时间和精力。如果你总是创造低价值的沟通，那么他人可能会将你看作一个缺乏能力的人，即使你能以友好的姿态面对他人，也难以让他人信任。一个人之所以会信任某个人，除了对方友好的态度之外，还有对方的可靠与能力。

为了让沟通变得更有价值感，沟通者需要努力让自己的沟通靠近以下标准：符合对方的兴趣，能解决对方的问题、让对方变得更好，提供客观真实的信息。沟通中当你以这些标准要求自己时，你将拥有更大的机会创造出理想型的沟通。当然除了追求这些标准之外，你还要努力让他人拥有更好的情绪感受。一个维度做得好，你只能得到友好型或风险型状态的沟通，两个维度都做得好，你才能够让沟通处在理想型状态。

非理想状态改变指南

极简沟通状态模型将个人创造的沟通分成了四种类型，它们分别是友好型、风险型、破坏型和理想型。为了得到卓有成效的沟通，我们应该努力创造理想型的沟通状态。友好型、风险型和破坏型，都是非理想的沟通状态，我们要努力促使它们改变，使其变成理想型的沟通状态。非理想状态的改变，除了前面我们学习过的如何提升好的情绪感受，以及如何让他人认知到更高的价值，还有哪些需要注意的地方呢？

◎ 标准之间存在优先级

让他人拥有好的情绪感受和认知到更高的价值，我们分别认识了四个标准。当创造的沟通靠近这些标准时，我们就有可能让沟通处在理想型状态。或许你会问，这些标准是否同样重要呢？每个维度中的四个标准并不是同样重要，对个人而言，某个标准可能会比另一个标准有更大的影响力。

在情绪感受这个维度，四个标准分别是：让对方感受到尊重、让对方感受到关心、让对方感受到肯定、为对方提供好消息。以上的顺序反映的就是标准所具有的优先性。这个标准的顺序与人们内在的需求相关。对大部分人而言，首先希望他人能够尊重自己，其次会希望自己被关心和重视，然后希望自己被认同和肯定，渴望对方告诉自己好消息，前一个比后一个更重要。

在价值认知这个维度，我们了解的四个标准分别是：能解决对方的问题、让对方变得更好、符合对方的兴趣、提供客观真实的信息。这个顺序也是根据优先级排列的。对很多人来说，他们首先希望沟通能够是有用的，其次希望沟通能够带给自己成长和进步，然后希望沟通让自己感觉有趣，希望对方能够给自己提供客观真实的信息。

当我们探讨优先级的时候，仅仅指大部分人对某个标准会更重视，并不是说只有满足前一个标准后，才需要后一个标准。

◎ 理解个体和情境差异

虽然就整体来说，每个维度中的四个标准具有一定的优先级。但这不代表，在任何时候或对每个人来说，某个标准总是比另一个标准更优先。比如价值认知维度，沟通能够解决问题和可以带给自己成长，个人的在乎程度并不总是前者大于后者。有时候你的沟通对象可能会认为，目前的沟通能否解决自己的问题不重要，重要的是能够带给自己成长和进步。所以我们不应该绝对地说，某个标准一定比另一个更优先。具体的优先程度还与沟通对象以及沟通的情境相关。所以在应用它们的时候，要保持一定的灵活性。

◎ **努力让沟通达到多个标准**

为了让沟通处于理想型状态，我们需要带给对方更好的情绪感受，同时认知到更高的价值。如果要说的更具体一点就是，努力让自己的沟通靠近两个维度的四个标准。前面认识每个标准是单独完成的，以至于很多人可能会产生误会，以为自己的沟通只能靠近某个标准。其实沟通者可以让自己的沟通靠近多个标准。比如，你可以让自己的沟通，既能有效地解决对方的问题，同时也让对方觉得有趣。虽然在每个维度中，同时靠近四个标准并不容易实现，但同时靠近两个标准是较为容易的，我们可以在沟通中设定这样的目标。

◎ **避免某个标准的反面**

前面介绍每个标准时同时提到了它们的反面。比如你可以通过给予他人肯定和认同，让他人拥有更好的情绪感受，而肯定和认同的反面是否定和排挤。在和他人沟通时靠近每个标准，可以为当前的沟通加分，如果很不幸靠近的是标准的反面，那么它会让你的沟通减分，总是创造出破坏型的沟通。关于创造理想型沟通状态，我想给大家的终极建议是，不要让自己的沟通靠近标准的反面，哪怕你无法让当下的沟通靠近标准，也要努力远离每个标准的反面，它们带给沟通的破坏性影响是非常大的。

前面我们花了许多时间，学习如何让非理想状态实现改变，这些学习到的内容，目前仅仅是你掌握的知识和方法，并不代表你可以在每个沟通中能真正实现改变。要实现改变你还需要对掌握的内容进行实践。当你愿意站在沟通对象的角度去创造沟通，能够让沟通带给他人好的情绪感受，能够使每个沟通令他人认知到更高的价值，那么沟通一定会让你的人生变得与众不同。

倘若没有这段实践，我根本不会有如此深刻的体会。我学到的最为宝贵的经验就是耐心。我们学习知识，就要像在乡间散步一样从从容容、怡然自得；胸怀宽广，兼收并蓄。这样获得的知识就如同波澜不惊的潮水，把各种思想潜移默化、不露痕迹地渗透到我们的心田。

——海伦·凯勒《假如给我三天光明》

第 14 章　实践极简沟通状态模型

状态模型创造价值的基本途径

本书的前面部分，我们以极简沟通核心原则、目标模型和状态模型的顺序，分别认识了极简沟通三剑客的工具。虽然我们最后才认识极简沟通状态模型，但它却是这三个工具中最先发展出来的，本书之所以安排这样的顺序，是因为这样的顺序，可以让大家更好地理解三剑客的工具。关于这些工具，大家已经知道存在两种应用的方式。接下来我们将认识状态模型基于工具本身的应用，了解它们如何通过提醒、定位、激励和指导的途径创造价值。

◎ 极简沟通状态模型的提醒

提醒，是三剑客工具创造价值的第一个基本途径。指的是让工具发挥类似闹钟的作用，确保能始终在沟通中关注影响结果的重点，避免自己被干扰。极简沟通状态模型会在沟通中提醒我们关注沟通对象，让我们站在沟通对象的角度创造沟通，这种提醒对创造满意的沟通结果拥有重要的意义。沟通中，大部分人难以主动站在他人的角度创造沟通，总是倾向于站在自己的角度创造一厢情愿的沟通，这些沟通自然无法让他人感受到价值和意义。因此，一旦掌握极简沟通状态模型的工具，在每个沟通场景，它都会提醒你请站在沟通对象的角度创造沟通，这种提醒可以让你具备更强的沟通能力。

◎ **极简沟通状态模型的定位**

定位，是极简沟通三剑客创造价值的第二个基本途径。指的是让工具发挥类似GPS的作用，帮助我们对目前的沟通现状获得清晰的了解，避免在沟通中迷失。极简沟通状态模型，定义了四种代表性状态，它们分别是友好型、风险型、破坏型和理想型。每种代表性状态各有特点，它们分别会带给沟通不同的影响，比如破坏型只会让彼此的沟通变得更糟糕，而理想型可以让沟通结果更容易达到。

掌握极简沟通状态模型，让你在沟通时，清晰地了解目前的沟通处在哪个代表性状态，明确这种状态可能会带给沟通怎样的影响。这种对沟通状态的定位，是我们创造有效沟通的基础。

◎ **极简沟通状态模型的激励**

激励，是极简沟通三剑客创造价值的第三个基本途径。指的是让工具发挥类似奖杯的作用，促使个人朝着一个方向努力，避免在沟通中消极被动。极简沟通状态模型告诉我们：不管自己面对的是怎样的沟通，都应该努力创造出理想型的沟通状态。让自己的沟通能够带给他人好的情绪感受，同时让他人认知到更高的价值。每个掌握极简沟通状态模型的人，都会认同让沟通变成理想型状态的使命，这会促使他们和他人好好说话。

除此之外，极简沟通状态模型还能够让我们认识到，破坏型状态会伤害我们和他人的关系，使问题变得更难以解决。因此，状态模型能够让我们减少制造破坏型的沟通状态。

◎ **极简沟通状态模型的指导**

指导，是三剑客工具创造价值的第四个基本途径。指的是工具发挥类似导航仪的作用，通过提供一些行动建议和方法，让沟通者得到期待的沟通结果。极简沟通状态模型，为我们如何得到理想型的沟通状态，提供了大量指导。比如，当前的沟通处在友好型状态，它会告诉你需要提升沟通的价值感，如果当前的沟通在风险型状态，它会指引你让他人的情绪感受变得更好。

通过这些指导，你将得到理想型的沟通状态。

极简沟通状态模型是指导创造沟通价值的重要基础，它让沟通者知道如何让他人拥有好的情绪感受，以及如何使他人认知到更高的价值。极简沟通状态模型提供了四个标准，沟通者只需要让自己的沟通靠近这些标准，就可以得到自己想要的改变。

极简沟通状态模型，创造价值的途径有提醒、定位、激励和指导。面对这些途径，或许有的人会产生疑问，它们会不会限制极简沟通状态模型，使其创造的价值变得更小。这种担心是没有必要的，四种途径只是状态模型发挥作用的原理，并不会限制工具创造价值，相反可以帮助沟通者创造更大的价值。

对极简沟通状态模型的误解

在实践极简沟通状态模型时，我发现沟通者需要面对的最大挑战是自己对极简沟通状态模型的误解。现在我们需要消除这些误解，在应用状态模型的过程中，如果不能及时识别和消除这些误解，那么它们就会干扰自己使用工具。

◎ 误解一：友好型是沟通开始的状态

在介绍极简沟通状态模型的四种代表性状态时，我首先向大家介绍的是友好型状态。很多人因此而产生了误会，以为我们在和他人沟通时，最先创造的状态是友好型。其实，当我们和他人开始沟通时，最初的沟通状态可能是四个代表性状态中的任何一个。比如，朋友因为某件事对你非常生气，当你要跟他进行沟通时，沟通一开始便可能就在破坏型状态，你说的一切对方都可能觉得毫无价值且感受不好。再如，一位父亲发现儿子将自己的一幅画破坏了，于是很愤怒地走进了儿子的房间并开始指责儿子，这个沟通一开始就可能处在风险型状态。因此，我们创造的沟通并不仅仅只在友好型状态。

◎ 误解二：判断他人创造的沟通状态

有人告诉我他在和别人沟通时，对方创造了风险型的沟通状态，这是对极简沟通的另一个误解。在说明极简沟通状态模型时，我的表达是“你创造了哪种代表性状态”，从来没有使用过“他人创造了哪种代表性状态”。每个代表性状态都是通过你带给他人的情绪感受和价值认知定义的，不是通过他人带给你的情绪感受和价值认知来定义。

状态模型不同于核心原则和目标模型，前两个工具的注意力都在沟通者自己身上，而状态模型关注的焦点在他人身上，探索的是表达和行为，带给他人的情绪感受和价值认知。

◎ 误解三：状态变化是瞬间实现的

我们知道四种代表性状态是动态的，在沟通中会发生变化。于是有些人会以为一种状态变成另一种状态是瞬间完成的。其实，在实际的沟通中，状态之间的变化具有一定的滞后性。

友好型会变成破坏型或理想型，风险型会变成破坏型或理想型，破坏型会变成风险型或友好型。每种代表性状态都会朝着自己相邻的一种状态变化，但这种变化有时间的延迟性。比如，你现在创造的沟通在友好型状态，如果你想让状态变成理想型，那么你需要带给他人情绪感受不变的情况下，让他人认知到更高的价值，于是沟通状态就逐渐从友好型变成了理想型，当然这种变化需要一些时间才能发生。

◎ 误解四：状态和目标是冲突的

我不断提醒大家在和他人沟通时，要把创造理想型的状态当作每个沟通的目标。这会让一些人产生困惑：如果理想型的沟通状态是目标，那么前面在极简沟通目标模型中认识的基本目标是什么呢？它们彼此会不会存在冲突？接下来，我将回答这个重要的问题。理想型的沟通状态，是我们在每个沟通中努力的方向，并不是沟通的具体目标，极简沟通目标模型所探讨的，才是具体的沟通目标。

在和他人沟通时，如果你能创造出理想型的沟通状态，那么沟通的具体目标将会变得更容易实现。如果把具体的某个沟通，看作舞蹈，那么沟通的代表性状态就是舞台和背景。状态模型和目标模型并不冲突，而且会彼此补充。目标模型关注的是你希望通过沟通实现什么，状态模型关注的是你所创造的沟通让他人的感受和认知怎么样。

以上四个误解具有很强的普遍性，认识它们对我们正确理解极简沟通状态模型，有很大的帮助。我们想要消除误解首先需要发现误解本身，当某个误解没有被发现时，我们自然不会主动去纠正它们。极简沟通状态模型，是一个帮助我们创造有效沟通的强大工具，也是一个较为抽象的思维模型。如果在学习的过程中，某些部分让你感到困惑，你可以通过仔细地阅读前面的内容，以便获得深度的理解。

实践极简沟通状态模型

如果你在面对每个沟通时，都能创造出理想型的沟通状态，那么你一定会让沟通带给自己幸福和成功。虽然理想型的沟通状态重要，但人们还是会创造出大量非理想型沟通状态。认识极简沟通状态模型仅仅是个开始，应实践它，让它变成自己生命中的一部分。为了实现这个目标，下面我们需要对极简沟通状态模型的应用进行一些刻意练习。

梧桐和凯峰结婚三年了，他们都喜欢交朋友，觉得和朋友们一起聚会是很美好的事情，他们经常邀请朋友来家里聚会，每当这个时候梧桐总是非常忙碌，不但需要准备食物，还要在聚会结束后收拾家务。而凯峰总是很少帮忙。有一天凯峰约了自己的朋友来家里玩，朋友走了后梧桐独自收拾卫生，她感到非常疲惫，而凯峰却坐在沙发上看电视。梧桐很愤怒便对凯峰说："每次都这样，你从来不帮我收拾，你不觉得自己很自私吗？"于是他们就开始了争吵，事后梧桐开始反思自己的沟通方式，觉得自己也有问题。

【练习任务】如果你是上面这个案例中的梧桐，现在已经学习了极简沟通状态模型，你能知道以上的沟通哪里存在问题，自己怎么做才能创造出更好的沟通吗？

安妮是索菲亚比较欣赏的下属，安妮的工作总能够得到索菲亚的肯定，但这一次索菲亚却对安妮的工作非常不满意，安妮替索菲亚准备的一份文件中竟然将客户的名称写错了。索菲亚准备将文件发送给客户时，才发现这个问题。索菲亚针对这个问题批评了安妮，指责安妮粗心大意，在批评过程中她注意到安妮的情绪很低落。索菲亚希望改变这种沟通的现状，她希望能带给安妮成长，但又不想打击安妮的信心。

【练习任务】现在你已经学习了极简沟通状态模型，面对索菲亚创造的沟通你有什么看法？索菲亚想要改变现状，你觉得她应该怎么做？

艾米的儿子杰克今年12岁，非常淘气和叛逆，总是给艾米惹麻烦。一天下午艾米接到学校老师的电话，原来杰克和同学打架了，杰克将同学的鼻子打得流血，艾米去学校接回了儿子杰克，在家里他们开始了一个沟通。杰克想要跟妈妈解释，今天学校发生的事情，但妈妈根本就不想听。艾米对杰克的行为早已忍无可忍，于是她开始谩骂和指责杰克，并威胁说如果再发生这样的事情，就取消暑假带他出去旅行的计划。杰克非常委屈，其实他之所以跟同学打架，是因为那个同学欺负了他们班的女同学。杰克对妈妈的指责非常难过，觉得妈妈一点都不爱自己。

【练习任务】如果你是艾米的妹妹，也掌握了极简沟通状态模型，你觉得姐姐艾米在跟杰克的沟通中做错了什么，你会给她提供哪些有效的建议呢？以上练习任务，仅仅是你需要刻意练习中的一部分。践行极简沟通状态模型，意味着你需要在每个沟通中不会创造破坏型的沟通，并减少创造友好型和风险型的沟通，主动创造出更多的理想型沟通。这样做，你会更有能力使生活和工作变得美好。

第四部分　小结

只有站在沟通对象的角度，你才能够创造出富有成效的沟通。极简沟通状态模型关注沟通对象的情绪感受和价值认知，将沟通定义成了四种代表性状态：友好型、风险型、破坏型和理想型。如果你能够让自己的沟通靠近：尊重、关心、认同、好消息的标准，那么你会带给他人更好的情绪感受；如果你能够让自己的沟通靠近：有用、成长、有趣、准确的标准，那么他人会认为你的沟通充满价值。在和他人对话时，努力创造理想型的沟通状态，会极大的提升沟通成功的概率。相反破坏型的状态，只会让沟通陷入困境。所以你在和他人沟通时，要全力避免创造出这种状态，如果很不幸，你的沟通正好在破坏型状态，那么你要采取行动使其变成友好型或风险型的状态，然后再从这两种状态变成理想型状态。

第五部分

极简沟通 ACE 系统

如果有人给你提供建议，让你忽视沟通个性化的特征，仅仅使用固定的脚本和话术进行对话，那么这些建议很可能会让你创造出糟糕的沟通。极简沟通三剑客的工具，只有在具体的沟通场景中被个性化使用时，才会真正帮助我们让沟通变得更好。为了在不同的沟通场景中有效应用核心原则、目标模型和状态模型，三剑客需要一个指挥官，而它就是极简沟通 ACE 系统。

人的思想是了不起的，只要专注于某一项事业，就一定会做出使自己感到吃惊的成绩来。

——马克·吐温

第 15 章　极简沟通 ACE 系统的构建

沟通的场景

如果你已经完全掌握了极简沟通三剑客，那么你的沟通能力一定会有较大的提升。你能够在沟通中关注自己持有的信念，避免让自己被陷阱式的信念所干扰。你重视沟通的目标，在复杂的沟通场景中，能够抓住沟通的本质，选择有助于实现沟通目标的路径。你在沟通中时刻关注沟通对象，懂得创造出让沟通对象有积极感受和较高价值认知的沟通。对每个学习者来说，如何应用工具得到自己期待的结果，要比认识工具更重要。接下来，我们的注意力将从关注三剑客的工具，正式转换到对工具的应用方面。

◎ 工具的两种使用

在本书的第一部分，我们就已经知道极简沟通三剑客工具，拥有两种不同的应用方式：一种是基于工具本身的应用，还有一种是基于场景的应用。未来我们将全面探索基于场景的应用。当然，在开始之前有必要对两种应用方式的差异进行一些说明。基于工具本身的应用，关注的是这些工具怎样创造价值，它与个人的生活和工作场景无关，只与工具本身的功能相关。基于场景的应用，它更关注个人在生活和工作等场景中，如何通过应用工具得到更多理想的沟通结果。

◎ 什么是沟通场景？

当你看到基于沟通场景应用这个描述的时候，可能会问什么是场景？场景就像一个舞台，往往会包含很多内容。比如沟通发生在哪里？是和谁进行的？主要解决什么问题等。每个人需要面对的主要场景有职场、家庭、社交等，不同场景中我们可能要面对不同的沟通对象。在职场中自己的沟通对象是同事、老板、下属，而在家庭的场景中自己的沟通对象则是爱人、孩子、父母。不同的场景中，个人需要通过沟通解决的问题，也存在很大的差异。

◎ 场景和工具的关系

掌握极简沟通三剑客工具，并不是为了显得自己比别人厉害，而是为了让自己在不同的沟通场景中，得到理想的沟通结果。学习极简沟通让工具发挥价值的过程中，我们可能会遇到挑战。善于让工具创造价值的人，懂得在场景和工具之间建立联系。工具是我们所拥有的资源，让工具和场景建立联系，是更好地使用工具的重要前提。

关注沟通场景，意味着个人开始将注意力转移到自己身上。极简沟通三剑客的工具，如果没有融入你的世界，不管它们多么地重要，其实也与你无关。因此真正掌握极简沟通三剑客工具的人，能够使工具让自己的世界变得更美好。实现这一切你才会真正成为极简沟通三剑客的主人。

应对沟通的两种模式

在不同的沟通场景中，人们是如何面对每个沟通的呢？我对这个问题一直很好奇。我发现有时候人们会被眼前的沟通困扰，投入大量的精力很认真地与他人沟通，希望通过自己的努力提升沟通的成效。还有时候人们很随意地和他人沟通，彼此聊得很开心，甚至忘了沟通这件事情。以上两种面对沟通的方式非常普遍，或许你都体验过它们。人们存在两种完全不同的面对沟通的方式，它们分别是：习惯性模式和注意力模式。

◎ **习惯性模式**

人们的大部分沟通，都是在习惯性模式下发生的。这种模式下的沟通，非常像自动驾驶的汽车，个人的注意力不需要保持高度专注，沟通总是自然地发生并结束，甚至你不会意识到每个沟通本身。比如你与好朋友每天的聊天，边走路边跟熟人打招呼，以及和家人饭桌上的闲聊，它们都是习惯性模式下的沟通。当使用习惯性模式面对沟通时，我们就像一个熟练的技工可以快速地完成手头的工作，既不会刻意地思考也不会停顿，一切娴熟自然。习惯性模式下的沟通非常重要，它们几乎占据了人们每天沟通总量的百分之八九十。

◎ **注意力模式**

除了习惯性模式，还有另一种我们应对沟通的方式：注意力模式。这种模式下沟通者的注意力需要高度集中，对沟通结果非常关注。你会思考需要说什么，以怎样的顺序表达，主动了解沟通的现状，对自己的语言和行为进行监控。比如面对一个危险的沟通对象时，在和他人谈判的时候，在说服他人接受你的方案的时候等，以上这些为解决复杂问题所进行的沟通，大多都是注意力模式下的沟通。注意力模式下我们的大脑需要高速运转，分析各种可能性，会努力确保沟通不会出现问题。虽然每天我们经历的沟通中，只有少部分是注意力模式，但这些沟通却比很多习惯性模式下的沟通更重要。

◎ **两种模式的特点和关系**

习惯性模式和注意力模式，主要的差异体现在沟通时所消耗的大脑资源不同，注意力模式要消耗更多大脑资源。习惯性模式下，所有的沟通都是基于本能和固有习惯进行的。而注意力模式下，沟通是基于当下的思考和分析有意识进行的。

不管是生活还是工作中，习惯性模式和注意力模式总是共同存在，它们相互配合彼此转化。对于那些并不重要的沟通，我们会通过习惯性模式来应对它们，而对于那些艰难和危险的沟通，我们会启动注意力模式，以便能够谨慎地应对它们。人的大脑资源是有限的，长时间通过注意力模式进行沟通，会消耗大量能量，因此并不是好的选项，而使用习惯性模式应对全部沟通，有时候也是危险的。

习惯性模式下的沟通行为，源于注意力模式下沟通行为的不断重复。因此，个人沟通能力的现状是由习惯性模式所决定的，那些善于沟通的人，在举手投足间，总能够习惯性地使用好的沟通行为来创造出有效的沟通。而个人未来的沟通能力，则是由注意力模式决定的。个人通过学习和训练，每次用更好的方式与他人进行沟通，那么他的沟通能力就会逐步得到提升，某些有意识才能做到的沟通行为，会逐渐变成习惯性的沟通方式。就像一个人刚开始跑步，可能每天都要刻意提醒自己去跑步，但当他坚持一段时间，跑步成为一种习惯时，即使不用提醒自己也会去做。注意力沟通模式下的一些行为，经过多次重复之后会转变为习惯性沟通模式下的行为。

认识面对沟通的两种模式，可以让我们对沟通中自己的行为反应拥有准确的认知。我们刚掌握极简沟通三剑客的工具时，只有在注意力模式下，我们才会主动使用这些工具，但随着对极简沟通三剑客的工具越来越熟悉，我们在习惯性模式下也可能会使用工具。

极简沟通 ACE 系统的建立

每个沟通都发生在各种各样的场景里，这些场景赋予了沟通特定的使命。极简沟通三剑客的工具，能帮助我们完成沟通的使命，它对我们是真正有意义的。在习惯性模式和注意力模式中，沟通者首先需要在注意力模式下，有意识地去使用极简沟通三剑客的工具。

◎ 面对沟通时的行动建议

很多人学习了极简沟通三剑客的工具之后，在应用时依然存在很多困惑，他们问我能否针对极简沟通三剑客的工具，提供一些具体的行动建议。我曾经为此建立了一个清单，罗列了沟通者在和他人沟通时，应用极简沟通三剑客工具应该采取的行动：

了解自己是否违反核心原则；

确定是否要改变某些信念；

主动调整自己不恰当的信念；

明确自己的沟通目标是什么；

选用哪些路径实现目标；

努力实现自己的沟通目标；

了解当前的沟通状态 ；

觉察带给他人的情绪感受；

判断沟通是否让他人有价值感；

是否要改变当前的沟通状态；

让沟通带给他人更高的价值感；

让沟通对象拥有好的感受；

……

这些具体的行动建议，的确可以让沟通者在应用极简沟通的工具时，变得更有针对性。但我在分享这个清单时，开始有些担忧，应用极简沟通三剑客工具的人，能记住清单中的行动建议吗？如果无法记住这些建议，那么所有化繁为简的努力是否还有意义？经过对这些行动建议分析，我发现可以将它们分为三类：获得全面准确的信息、做出正确恰当的决定、采取促使改变的行动。

获得全面准确的信息：了解自己是否违反了核心原则、明确自己的沟通目标是什么、了解当前的沟通状态、觉察带给他人的情绪感受……

做出正确恰当的决定：确定是否要改变某些信念、判断沟通是否让他人有价值感、是否要改变当前的沟通状态、选用哪些路径实现目标……

采取促使改变的行动：主动调整自己不恰当的信念、努力实现自己的沟通目标、让沟通带给他人更高的价值感、让沟通对象拥有好的感受……

◎ 极简沟通 ACE 系统

在应用极简沟通三剑客工具的过程中，能否很好地完成以上三类行动，是决定个人是否是优秀沟通者的关键。后来我将三类行动称为三个“任务”，分别用：评估（Assess）、选择（Choose）和创建（Establish）三个单词来代表，并依据这三个词的首字母，将其命名为极简沟通 ACE 系统，如图 5-15-1 所示。

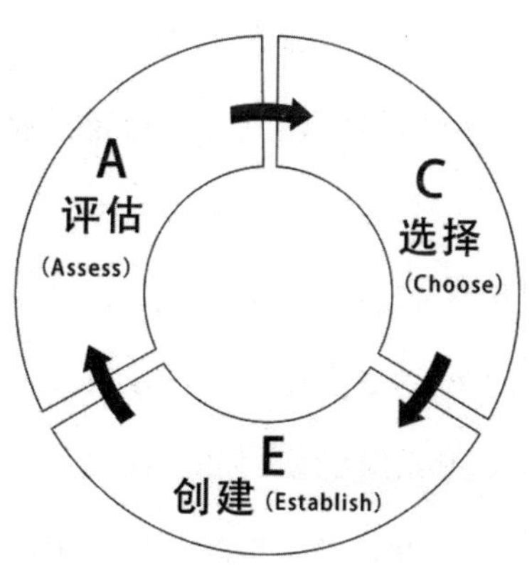

图 5-15-1　极简沟通 ACE 系统

通过 ACE 系统的模型图，我们可以看到评估、选择、创建任务之间存在一个箭头，这些箭头代表一个循环，可以很好地说明ACE系统三个任务的关系。沟通者通过不断地评估、选择、创建、评估……来使用极简沟通三剑客的工具。

◎ ACE系统的三个任务

评估（Assess），代表的是为了获得更多信息而需要完成的任务。它要求我们主动收集与沟通相关的所有信息，这些信息可能是沟通对象表达的内容，也可能是与沟通相关的其他信息。比如，沟通中自己所持有的信念、自己的沟通目标、沟通所处的代表性状态等。

选择（Choose），代表的是为了做出有效判断或决定而需要完成的任务。当我们获得信息之后，必然需要依据这些信息做出决定，因此，选择的任务是评估任务的延续。在沟通中选择无处不在，有时候你没有注意到它，但选择本身依然存在，并影响着沟通的结果。比如要不要调整自己的信念，将沟通设定为哪种基本目标，是否改变当前的沟通状态等。

创建（Establish），代表的是为了实现改变而需要完成的任务。创建任务可以看作选择任务的自然延续，它是对选择任务的具体执行。如果说选择让我们确定了一个方向，那么创建就是按照这个方向到达终点的过程。比如，从不恰当信念变成恰当的信念、使用特定的路径实现目标、让沟通的状态发生改变等。

◎ 极简沟通ACE系统的使命

关于极简沟通ACE系统的更多内容，我会在后面逐步展开介绍，这里我们先要了解极简沟通ACE系统的使命和价值。虽然极简沟通ACE系统的建立源于一个行动清单，但经过多年不断的发展和优化，它已经变成了一个体系，也可以为我们创造巨大的价值。首先，它能够连接极简沟通三剑客的工具和沟通场景，让工具更好地帮助个人提升沟通质量。其次，它能够在沟通中让我们启动注意力模式，有意识地使用极简沟通三剑客的工具，避免沟通陷入困境。因此，ACE系统不仅仅是基于场景应用极简沟通三剑客工具的形式，而且还是极简沟通三剑客的“指挥官”。

极简沟通核心原则、极简沟通目标模型、极简沟通状态模型，分别针对于沟通中的少数关键要素。极简沟通ACE系统，针对于极简沟通三剑客工具本身。如果没有极简沟通ACE系统，那么我们很难让这些工具与自己每天的生活和工作联系起来。

◎ ACE系统的主要构成

通过前面的学习，大家已经知道ACE系统中，ACE代表的是评估、选择、创建三种任务。虽然这些任务非常重要，但它们并不是极简沟通ACE系统的全部。ACE系统中还有其他的部分，它们与任务相互配合帮助ACE系统完成“指挥官”的工作。接下来我们需要认识它们，分别是：ACE系统框架、ACE系统应用方向、ACE系统基础能力，如图5-15-2所示。

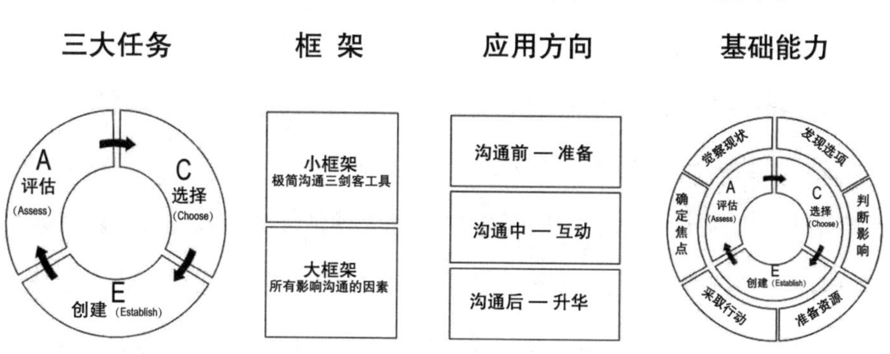

图 5-15-2 极简沟通 ACE 系统全部构成

◎ ACE系统框架

评估、选择、创建这三个任务仅仅告诉我们要采取哪一类行动，但并没有告诉我们具体行动的内容。以评估任务举例子，当你面对一个具体的沟通时，到底应该评估些什么呢？这很容易让沟通者产生困惑，因为在一个沟通中我们需要评估、选择和创建的内容非常多，所以我们必须为ACE系统的任务设定一个框架，这里的框架你可以将它理解为边界或范围。关于ACE系统的框架，我会在本书第16章中进行详细的介绍。

◎ ACE系统应用方向

很多人以为沟通仅仅指的是沟通发生的过程，其实当我们审视一个沟通时，你会发现沟通不仅仅是沟通发生的过程，除此之外还有沟通前与沟通后。不管沟通处在怎样的场景，不管沟通多么复杂，任何沟通都包含沟通前、沟通中、沟通后三个阶段。每个阶段通过ACE系统需要实现不同的结果，这些结果就是ACE系统应用方向。关于ACE系统应用方向，我会在本书第17章向你详细地介绍它。

◎ ACE系统基础能力

完成ACE系统的三个任务时，有些人可以做得很好，而有些人则难以完成任务，这种现象反映了人们在完成任务时，能力存在巨大的差异。我发现沟通者要很好地完成某个任务，往往需要具备一些基础能力。ACE系统共有六种基础能力，它们分别是：确定焦点的能力、觉察现状的能力、发现选项的能力、判断影响的能力、准备资源的能力和采取行动的能力。其中前两种能力可以帮助沟通者更好地完成评估任务，第三和第四种能力可以帮助沟通者完成选择任务，第五和第六种基础能力可以帮助沟通者完成创建任务。关于ACE系统的基础能力，我会在本书第18章中向你详细介绍。

在极简沟通ACE系统中，任务是一类行动的集合，告诉我们需要做些什么；框架是边界和范围，让你明确将注意力放在哪里；应用方向是指引，让我们知道该朝哪个方向努力；基础能力是对现状的训练和改善，让你更善于完成ACE系统的任务。在学习极简沟通ACE系统的每个构成之前，我们已经对整体拥有了清晰的认知。如果不能在学习前了解全局，那么当你详细认识某个构成时容易陷入困惑，不知道这个部分和其他的部分有怎样的关系。

生命可以归结为一种简单的选择：要么忙于生存，要么赶着去死。

——斯蒂芬·金《肖申克的救赎》

第 16 章　ACE 系统的任务和框架

极简沟通ACE系统之评估任务

ACE系统中的A代表的是评估（Assess）任务，指的是从沟通中获得全面准确的信息。不管是你观察沟通对象此时此刻的情绪感受，还是理解沟通对象说的是什么，或者明确自己的沟通目标，发现自己所持有的信念，都属于获得准确的信息。当我们和他人沟通的时候，获得全面准确的信息是任何一个沟通中都不可或缺的部分。

◎ 如何理解评估任务

目前，我对评估任务的介绍还是比较简单的，或许难以让大家更深刻地理解评估的任务，为了让大家更好地认识评估，我会对评估的任务，做以下三个方面的补充。

1.通过评估获得信息的多少，与个人感官的敏锐程度有很大的关系。这里的感官指的是眼睛、耳朵、鼻子等获得信息的器官。在沟通的时候我们所获得的大量信息，都是通过它们得到的，比如通过眼睛，看到他人的表情、肢体动作；通过耳朵，听到他人的声音；等等。

2.更好地完成评估任务的标准，不仅仅是获得更多信息，还包含关注信息的质量。我们眼睛看到的，耳朵听到的，并非一定准确。信息中可能包含着自己的主观判断或先入为主的偏见，善于评估的人，他们会对信息本身进行检查，避免自己被看到和听到的信息误导。

3.评估并不等于倾听。虽然倾听和评估是非常相关的，都是获得信息的过程，但两者之间也存在一些差异。倾听要告诉我们的是，在和他人沟通的时候努力接收更多信息，而评估告诉我们要主动获取更多信息，评估要比倾听具有更高的主动性。

◎ 评估面临的阻碍

通过极简沟通ACE系统应用关键工具时，每个人都想很好地完成评估任务，但只有一部分人才能真正做到。导致很多人难以做到的原因是：应用中会存在阻碍和干扰。沟通者只有克服阻碍，才能够很好地完成评估任务。阻碍主要表现为三个部分，它们分别是：强烈的情绪、认知的局限以及缺乏标准。

强烈的情绪：强烈的情绪会干扰沟通者获得全面准确的信息。比如，当你感受到他人的拒绝时，你可能会感到愤怒，这时候你不会去了解对方所反馈的内容是否有价值，你的注意力会放在如何捍卫自己尊严上面。当你情绪化的时候，你评估自己的沟通目标会变得更难，本能的目标往往会取代理想的沟通目标。因此，沟通中不让自己陷入强烈的负面情绪，对完成评估任务至关重要。

认知的局限：认知的局限和偏差让获得准确信息变得困难。我们对事物的认识并不总是正确的，个人认知的偏差和局限会误导我们，即使没有误导，它们也会影响我们对信息的判断。我们获取信息的时候，会无意识地进行挑选，大多数人只想看到自己希望看到的。如果你认为某些信息是正确的和重要的，你就会关注它们；如果你认为某些信息是错误或没有价值的，那么你很可能就不会重视这些信息。

缺乏标准：缺乏标准让沟通者难以获得更多信息。沟通中你会获得某些信息，一个重要的原因是你有一套标准。比如，沟通者之所以能得出当前的沟通处在破坏型状态的结论，重要前提是已经拥有了极简沟通状态模型的标准。如果没有这个标准，那么也就不会得到破坏型状态这个信息。因此，对极简沟通的三剑客没有掌握，即使你希望完成评估的任务，也难以得到某些重要的信息。

◎ **如何更好地评估？**

不管你面对的是怎样的沟通，有效完成评估任务，都是你获得理想沟通结果的重要前提。那么，如何更好地完成评估任务呢？

首先，我要给你的建议是主动。所有善于完成评估任务的人，都是愿意在沟通中主动获取信息的人。我们经常用观察力强来称呼这些人，他们会注意更多细节，留意每个信息，可以看到其他人看不到的地方。

其次，我要给你的建议是深度掌握极简沟通三剑客的工具。在本书第一部分，我们通过聚焦本质和使用工具的秘诀让沟通化繁为简，并且得到了极简沟通三剑客的工具，它是我们评估的框架和标准。如果你没有深度掌握它，那么评估也就难以得到更多的信息。

最后，我要给你的建议是有意识地培养两种能力，它们分别是：确定焦点和获得信息的能力。这两种能力分别决定着你在沟通的过程中，评估的内容和评估的成效。我会在本书第18章向你详细地介绍它们。

在ACE系统中评估是第一个任务，完成这个任务的结果对完成后面选择和创建任务拥有重要的影响，只有很好地完成评估，沟通者才能同样很好地完成选择和创建任务。

极简沟通ACE系统之选择任务

深度认识评估的任务之后，我们还应该进一步了解选择的任务。ACE系统中的C代表的是选择（Choose），指的是为了做出恰当的决定而需要完成的任务。很多人以为沟通中，并没有多少做决定的时刻，其实这是一种误解。要不要进行沟通？要不要改变沟通的状态？使用哪一种实现目标的路径？这些问题的答案，都是我们需要做出的决定。任何沟通中，我们总在不断地做出选择，正是这些选择推动着沟通不断持续发展。

◎ 如何理解选择任务？

知道选择指的是为了做出恰当的决定而完成的任务，这样简单地说明并不能让很多人对选择任务获得更深度的认识，为了让大家更全面地了解选择的任务，我还会给大家提供以下三个补充说明。

1. 完成选择任务需要思考的过程。选择意味着个人面对的不仅仅只有一个选项而是多个选项，恰当的选择大多都来自深思熟虑。只有对不同选项的利弊得失进行分析和对比，才可能从中选择出一个更好的。这一点我相信大家很容易理解，人们之所以会选择当前选项，是因为它相比于其他的选项会得到更好的结果。

2. 完成选择任务的关键是做出恰当的决定。衡量选择任务好坏的指标不仅仅是做出决定，而是需要做出更恰当的决定。在沟通中随便做出决定是非常简单的，但要做出恰当的决定，需要你对不同的选项会导致的后果有所了解，也需要你拥有更多的知识和经验。沟通的过程中，只有做出恰当的决定，你才能够得到期待的沟通结果。

3. 完成选择任务的过程是有意识的。沟通中我们需要不断地做出选择，其中很多选择是在无意识当中完成的，这些选择是习惯性的结果。当我们在说选择的任务时，这个选择指的是有意识的，是经过思考的选择，与此相反的是习惯性的或者本能的选择。

◎ 选择任务面临的阻碍

很多人无法完成选择任务的原因，是自己难以克服一些阻碍。认识这些阻碍，有助于让个人在使用ACE系统时，更好地完成选择的任务。沟通者经常会遇到的阻碍，主要有以下三种，它们分别是：信息缺失、强烈偏见、推卸责任。

信息缺失：信息缺失会导致错误的决定。沟通中如果你希望做出恰当的决定，那么你一定要有较全面的信息，也就是已经很好地完成了评估的任务。如果评估的任务完成得很差，自己得到的信息不准确，或者某些信息严重缺失，那么你自然难以根据这些信息做出恰当的决定。

强烈偏见：强烈的偏见会带来错误的决定。面对他人或某些事物，不是每个人都有理性客观的看法。很多人并没有觉察到，其实他们对一些事情存在强烈的偏见。这些偏见会在不知不觉中影响他们做出错误的决定。只有识别并消除这些偏见，个人才能在应用ACE系统时，更好地完成选择任务。

推卸责任：害怕承担责任，让很多人难以做出恰当的决定。有时候你不是无法做出正确的判断，而是担心承担判断错误的责任。如果不能确定这些决定是不是正确，很多人会变得非常犹豫，甚至认为不做出选择是最好的选择。基于以上的原因，那些害怕承担责任的人，总是难以完成选择的任务。

◎ 如何更好地完成选择任务？

很多人告诉我选择任务非常难，不知道如何完成选择的任务。选择任务和评估任务的不同是，选择任务需要你做出判断，明确自己要做什么或不做什么。关于更好地完成选择的任务，我会给大家提供以下几个建议。

首先，你要学会利用极简沟通三剑客的工具，它们其实已经给了你很多选择的指导。比如，掌握极简沟通核心原则之后，当你发现自己的信念与核心原则不同时，那么你就要告诉自己应该做出调整。再如，在你发现沟通处在非理想状态（破坏型、友好型、风险型）时，你要做出决定改变这一切，使其变成理想型状态。当你愿意遵从这些工具带来的指导时，你会发现选择开始变得更简单。

其次，你要警惕自己的本能反应。你在完成选择任务时，虽然已经处在注意力模式，但依然很容易被本能的目标驱动做出错误的决定。这倒不是说沟通者无法识别决定是否正确，而是在明知道错误的情况下，依然做出某些选择。所以在完成选择任务时，我们要特别警惕固有的本能反应。

最后，要主动培养两种能力：发现选项和判断影响的能力。它们是你在沟通中完成选择任务的基础，这个建议的详细内容我会在本书第18章中详细介绍。

如果选错了方向，不管我们多么努力，都难以达到自己期待的终点。因此，在ACE系统中选择的任务，对我们得到满意的沟通结果至关重要。

极简沟通ACE系统之创建任务

目前，我们已经认识了ACE系统中评估和选择的任务，ACE系统中的E代表的是创建（Establish），指的是为了实现改变而需要完成的一类任务，比如，在沟通带给他人不好的情绪感受时，采取行动让对方拥有更好的情绪体验；在发现自己的某些信念不恰当时，使其发生改变；确定基本目标的实现路径之后，按照路径真正实现沟通目标；等等。创建任务在每个沟通中无处不在，它代表主动创造沟通结果的过程。

◎ 如何理解创建任务?

仅仅知道创建任务，是为了实现某些改变而采取的行动还不够，除了这些简单的定义之外，我们还需要更多关于创建的认知。为了更好地理解创建的任务，我会给大家以下三个补充。

1. 沟通中大部分创建任务都是通过语言、行为实现的。比如，当你获得他人的帮助时，你会通过语言向对方表达感激；当你的爱人比较难过时，你可能会给对方一个拥抱。以上的语言和行为都是完成创建任务的主要形式。

2. 衡量创建任务完成的关键是采取的行动有没有带来期待的改变。比如，你发现自己和他人的沟通处在风险型状态，你想将它变成理想型，结果在不知不觉中却使它变成了破坏型，显然这种创建并非是有效的创建。

3. 创建并不等于表达。表达是我们通过语言和行为，向他人传递信息的过程。因为语言和行为是创建的主要形式，所以很多人把表达等同于创建，其实表达不等于创建，表达仅仅是创建的一部分。除了表达之外，创建还可能是调整以及练习。比如，沟通中自己的情绪很低落，你让自己的情绪变得好起来，这种调整也属于创建的任务。另外在某个重要的沟通之前，为了确保沟通成功，沟通者准备资料和演练的行动同样也是完成创建的任务之一。

◎ 创建任务面临哪些阻碍？

与评估和选择的任务类似，完成创建的任务，也需要沟通者克服一些阻碍。虽然不是每个人都会遇到同一个阻碍，但有些阻碍是经常会出现的。创建任务的三种常见阻碍，分别是：自我否定、错误习惯、缺乏技巧。

自我否定：沟通者的自我否定总是让改变难以发生。很多人在沟通时有很强的自卑感，这些自卑感会让他们表现得消极被动。自信的人并不一定总是可以实现改变，但是他们坚定地相信自己可以做些什么，让目前的现状变得更好。自卑的人正好相反，觉得自己无法通过努力改变什么，所以什么也不做。前者主动地采取行动，后者不会采取行动，两种不同的行为倾向，会带来不同的创建任务结果。

错误习惯：错误的习惯经常会阻碍个人实现有效的改变。人们都有一些行为偏好，这些偏好并不总是好的，有些是错误的。比如，有的人特别喜欢在沟通中说话和表达，只要有机会便会让大家只听他一个人说，类似的习惯可能会出现在很多人身上。如果你存在一些错误的沟通习惯，那么你在完成创建的任务时，这些错误的习惯会干扰你。

缺乏技巧：还有一些人因为缺乏表达技巧，而无法实现期待的改变。创建的任务，需要沟通者具备驾驭语言和表现行为的技巧。有的人善于从生活中积累经验，懂得如何遣词造句和表达想法，而有的人恰恰缺乏这些技巧，不懂得如何恰当地表达自己的想法，他们要完成创建的任务会比较困难。

◎ 如何更好地完成创建任务?

创建是ACE系统中最后一个任务，它的重要性不小于评估和选择任务，甚至比它们更重要。如果不能完成创建的任务，即使明确创建的任务很重要也是缺乏意义的。关于完成创建的任务，我同样会给大家三个建议。

1. 主动练习。创建任务的关键是采取行动，以便实现期待的改变，要实现这些改变你需要通过语言和行为进行表达。比如，你要把沟通从风险型状态变成理想型状态，就需要提升沟通带给对方的情绪感受。感受的改变不会自动出现，只有你说了什么或者做了什么之后，对方的情绪感受才会变得更好。不管是使用语言还是表现行为，只有通过不断地练习才能做得更好。

2. 熟悉极简沟通三剑客的工具。比如，目标模型中亲密的基本目标有四种实现路径，你需要了解它们。状态模型告诉我们，要让他人拥有更多的价值感，就应该让自己的行为和表达靠近一些标准。只有熟悉这些工具，你才能更好地使用它们。如果你已经忘记了极简沟通三剑客工具，那么创建任务自然无法实现。

3.你还应该培养两种基础能力，分别是：准备资源和采取行动的能力。它们对应于创建任务，是完成创建任务的关键，这两种基础能力我会在本书第18章向大家介绍。

认识创建的任务，虽然不代表立即成为善于完成创建任务的人，但这种了解是你完成创建任务的重要前提。如果你希望沟通能够朝着自己满意的方向改变，那么你需要采取行动去创造这一切，创建的任务需要你拥有更强的行动力。

认识ACE系统的框架

接下来我们要详细介绍的“框架”是ACE系统的重要构成之一，是对任务的重要补充。如果没有框架，我们便难以在沟通中完成ACE系统的任务，自然也不知道如何让三剑客的工具在场景中创造价值。

◎ 框架是什么?

框架，是一个比较抽象的概念。这里的“框”代表的是约束、边界、范围，“架”代表的是支撑、基础。在ACE系统中，框架主要指的是我们应用ACE系统时，所关注的焦点和边界。ACE系统中存在两种不同的框架，我把它分别称为小框架和大框架。

◎ 小框架：极简沟通三剑客

ACE系统小框架对应的是极简沟通三剑客的工具，这个框架是我们在使用ACE系统时的默认框架。在小框架的范围内当我们谈论评估、选择和创建的时候，代表的是以极简沟通核心原则、极简沟通目标模型、极简沟通状态模型为焦点完成任务。比如提到评估，指的是评估自己的信念、评估沟通目标和沟通所处的代表性状态。提到选择，指的是选择是否改变信念、确定哪个基本目标，选择要不要改变沟通状态。提到创建，指的是从不恰当的信念变成恰当的信念，应用特定的路径让沟通目标实现，使沟通状态变成理想型状态。简单地说，小框架就是在极简沟通三剑客工具的范围内进行任务。

◎ **大框架：所有影响沟通的要素**

大框架是相对于小框架而言的，小框架的边界是极简沟通三剑客的工具，而大框架则超越了三剑客的工具，所有可以影响沟通结果的因素都可以作为应用ACE系统的焦点。比如，在面对某个沟通的时候，大框架下评估可以是了解当前的沟通环境是公开场合，还是私人场合，这里的场合就是一个影响沟通的要素；彼此的关系是熟悉亲近，还是陌生疏远，这里的关系也是一个影响沟通的要素；当然还可以评估自己所持有的信念，是不是恰当的信念（小框架的焦点）。大框架下选择可以是决定在相应的场合是否表达某些观点，可以是在目前关系状态下，要不要向对方寻求帮助，当然还可以是要不要调整当前自己持有的某些信念。同时，大框架下创建可以是在相应场合说出恰当的话，可以是用符合关系状态的方式回应对方，当然还可以是调整信念使其变成更恰当的信念。

ACE系统大框架不局限于极简沟通三剑客的工具，沟通者可以选择任何影响沟通结果的要素，作为焦点进行评估、选择和创建。虽然ACE系统的大框架好像更全面，但我并不鼓励初学者在大框架下使用极简沟通ACE系统。我将小框架称为ACE系统应用的标准模式，将大框架称为ACE系统使用的高手模式。本书所探讨的通过ACE系统应用三剑客工具，全部指的是标准模式下的应用，高手模式下的应用较为复杂，在极简沟通专业认证课程中才会探讨这个部分，这里仅仅是做个简单介绍。

◎ 框架对ACE系统的意义

框架对ACE系统本身的意义，主要体现在以下两个方面：首先，框架让评估、选择和创建的任务从抽象变得更具体。如果没有框架你可能会为如何执行这些任务而困惑，在一个实际的沟通中有太多值得我们关注的部分，如何选择关注的焦点便是非常复杂的事情。拥有ACE系统框架，在标准模式下任务就是三剑客的工具，这极大地简化了ACE系统应用的难度。其次，框架将ACE系统的使用分成了两种难度不同的模式，既能够支持普通沟通者的应用，同时又能够为专业人士使用极简沟通提供更大的延伸空间。

关于框架，有人向我表达过一些担忧，觉得小框架会给应用ACE系统带来限制。小框架是极简沟通三剑客工具，分别对应自己在沟通时的信念、沟通目标和沟通对象，沟通者只需要在这三个方面达到理想的状态，那么就可以得到自己满意的沟通结果。大框架虽然拥有更多可能性，但掌握起来较为复杂，如果迷失在众多影响沟通的要素中，那么你反而难以得到自己满意的沟通结果。极简沟通致力于帮助更多人让沟通化繁为简，这个使命可以通过小框架完全实现。

人们常觉得准备的阶段是在浪费时间，只有当真正机会来临，而自己没有能力把握的时候，才能觉悟自己平时没有准备才是浪费了时间。

——罗曼·罗兰

第 17 章 ACE 系统的应用方向

沟通的三个阶段

现在你已经认识了极简沟通ACE系统的框架和具体任务。关于极简沟通ACE系统，我们还需要认识它的应用方向。或许大家还记得ACE系统是三剑客工具的指挥官，而应用方向对ACE系统来说，又相当于它的指挥官。

◎ 应用ACE系统的目标

极简沟通ACE系统，是三剑客工具基于场景的使用方式，前面我们多次提到极简沟通ACE系统致力于让三剑客发挥价值，使个人得到卓有成效的沟通。但这是一个比较大的方向，如果不将它分解成更具体的目标，那么对很多人来说依然是非常抽象的。如何进行分解呢？经过对沟通过程的探索，我找到了很好的解决方案。我们所说的任何沟通，不仅仅是沟通发生的时刻，它还包含沟通发生之前的时刻，以及沟通停止之后的时刻。如果将沟通过程分解成三个阶段，它们应该是沟通前、沟通中与沟通后。

◎ 沟通前的阶段

沟通前阶段，指的是当沟通者出现沟通的需求后，到彼此产生真实互动前的阶段。这个阶段你已经打算和某个人要进行一些沟通，但是沟通并没有真实发生。沟通前的阶段起点是产生沟通的想法，终点是沟通真实发生。任何一个沟通都有沟通前的阶段，只不过时间的长短存在差异。比如，现在你做出决定，要在下周四跟爸妈谈一件事情，那么从现在到下周四的这个时间都属于沟通前。当然并不是沟通前的时间都会这么长，有时候沟通前的阶段非常短暂。比如，你在工作中发现同事交给你的资料存在问题，你准备和他进行一些沟通，于是你拿起桌子上的资料去同事的办公室，显然这个沟通前的阶段时间非常短暂。

◎ **沟通中的阶段**

沟通中阶段，指的是沟通者和他人开始沟通到彼此停止沟通的过程。是我们在提到沟通时经常所代表的部分，这个阶段彼此向对方分享信息并产生互动。这个阶段的时间同样可长可短，有些沟通持续的时间很短只有几十秒钟，比如你走在路上有人向你问路，你们的沟通从发生到结束可能只有很短的时间。沟通中这个阶段的长度，一般不会超过几个小时。或许你会说某件事情你和对方已经沟通了几天，其实这里的几天不是指一个沟通的时间，而是由多个沟通组合而成的总时间。我们所说的沟通中，仅仅指的是一个相对连续的、场景没有改变、话题没有中断的对话过程。

◎ **沟通后的阶段**

沟通后阶段，指的是沟通者和他人停止沟通后到自己不再想起或注意到这个沟通的阶段。很多沟通结束仅仅是沟通者和他人的对话已经停止，如果问题并没有解决，沟通者还是会投入很多注意力在这个沟通中。比如，你跟朋友进行了一场不愉快的沟通，虽然你们彼此停止了对话，但你依然花了很多时间想着刚才对话的场景。沟通后这个阶段的时间，同样可长可短，时间长度往往与个人对沟通的在乎程度有关。有时候某个沟通停止后，你就不再想这件事情，也有时候某个沟通结束后，你会在未来几天甚至几个月的时间中，始终想着过去的沟通。

认识沟通的三个阶段前，很多人可能会忽视沟通前和沟通后的部分，以为沟通仅仅是沟通中这一个阶段，忽视另外两个阶段，想得到满意的沟通结果会比较困难。比如，沟通前虽然彼此的互动没有发生，但这个阶段采取的一些行动会使后面的沟通变得更顺利。

每个阶段的方向

我们将沟通的全过程分解成了三个不同的阶段：沟通前、沟通中、沟通后。现在你已经了解每个阶段的定义，也知道它们彼此的差异，沟通者在每个阶段通过ACE系统应用三剑客的工具时，存在很多不同。如果你想在不同的阶段很好地发挥极简沟通ACE系统的作用，那么你一定需要了解每个阶段的方向和重点。

◎ 沟通前的方向是为沟通做好准备

在沟通前阶段，最需要做的事情是什么呢？或许每个人存在不同的看法，也可能提出完全不同的行动建议。但有一点却非常相似，所有的行动建议，其实都是为即将进行的沟通做好准备。虽然准备不等于一定得到期待的沟通结果，但善于做好准备的沟通者，能够提升沟通成功的概率，尤其在面对复杂和艰难的沟通时，准备尤其重要。

每个沟通存在差异，因此准备也并不相同。有时候你有足够的时间进行准备，有时候或许没有太多时间。我们没办法为准备制定一个标准，它更多的是一种意识，只要有机会和条件，为即将进行的沟通做些准备，不管它们是不是足够充分，都是有好处的。极简沟通ACE系统在沟通前阶段，应用的方向就是帮助沟通者做好准备，记住这一点非常的重要。

◎ 沟通中的方向是与对方实现好的互动

过去你听过的关于沟通的建议，大部分都集中在沟通中这个阶段。沟通中我们要做的事情很多，探讨沟通中这个阶段应该做些什么之前，先需要了解我们希望在沟通中得到什么。任何沟通中，沟通者之间都在进行实时互动。这个互动过程就像两个人的乒乓球比赛，双方不断把球打给对方，同时又会努力接住对方打过来的球。每个人的行为反应和表达都是实时产生的，同时也会受到对方行为和表达的影响，任何好的沟通都建立在良好互动的基础上。沟通中不管沟通者做些什么，都需要和对方建立良好的互动。

在极简沟通中我并没有给大家提供话术，其中很重要的原因是：沟通是一个实时的互动，需要根据沟通的场景、沟通的内容、对方的行为等特点，个性化地做出回应。有些人热衷于话术，以为只要掌握某些话术，就可以得到有效的沟通，这是非常急功近利的想法。任何话术都是固定且死板的，都试图给沟通者提供一个脚本，让沟通者依据脚本和他人对话，这忽视了沟通中彼此实时互动的特性，沟通是双方创造的，而不是照着剧本演戏。极简沟通ACE系统在沟通中阶段的应用方向是让每个沟通者可以与他人建立良好的互动。

◎ 沟通后的方向是让沟通得到升华

沟通后阶段是三个阶段中最容易被忽视的部分，很多沟通者都以为这个阶段不存在，所以也不会在沟通后做些什么。和他人的沟通停止，并不代表沟通的结果就已经确定或无法改变，我们还可以在沟通后，通过采取行动让前面沟通的结果变得更好，这就是我说的升华。有时候你和他人已经达成了约定，你还是需要在沟通后采取行动，使约定被有效执行。沟通后不管我们会采取怎样的行动，这些行动大多致力于让已经发生的沟通得到升华。

许多人都有一个美好的愿望，希望沟通能够一步到位，也就是在结束的时候恰好获得满意的沟通结果，但真实的情况并不是这样。很多沟通在结束的时候并不完美，还需要我们通过沟通后的努力，让沟通进一步变得更好。升华，就是让沟通创造的价值变得更大，结果变得更理想。我们需要面对的很多沟通对象，经常需要跟对方多次沟通，某次沟通结束并不是真的结束，彼此依然存在下一次沟通。对沟通进行升华，还能够帮助沟通者将下一次沟通进行得更好。

人们遇到的沟通经常是千差万别的，它们发生在不同的人之间，致力于解决不同的问题。但其中有一点是相似的，任何沟通都存在沟通前、沟通中、沟通后三个阶段。沟通前我们需要为沟通做一些准备，沟通中我们需要和沟通对象建立良好的互动，沟通后我们需要对结束的沟通进行升华，让其创造更大的价值。

每个阶段的应用指南

明确每个阶段的重点和方向之后，通过极简沟通 ACE 系统应用三剑客工具开始变得清晰而具体。在沟通前，极简沟通 ACE 系统的方向是为当前的沟通做好准备；在沟通中，极简沟通 ACE 系统的方向是与沟通对象建立良好的互动；在沟通后，极简沟通 ACE 系统的方向是让结束的沟通实现升华。那么，这一切具体该怎么做呢？

◎ ACE 系统如何帮你做好准备

如果你和他人的沟通还没有开始，那么你可以通过极简沟通 ACE 系统，使用三剑客的工具为当前的沟通做好准备。具体来说，你可以采取以下的行动：

1. 你应该对即将发生的沟通进行评估，了解自己持有的信念，自己希望实现的沟通目标以及沟通可能所处的代表性状态。这里我重点说一下针对状态模型的评估。在沟通前的阶段，因为沟通还没有开始，所以不存在真实的沟通状态，这时候我们所说的沟通状态，仅仅是一种主观猜测。比如，你要向对方传递一个坏消息，你可以想到对方的情绪感受必然很差，沟通可能会处在破坏型或风险型状态。也就是说，很多沟通在没有开始之前，我们依然可以根据已有的经验，预测沟通会处在哪个代表性状态。

2. 你需要根据评估所得到的信息，完成选择的任务。比如，要不要调整自己的信念，确定怎样的目标实现路径，要不要对可能的代表性状进行改变。假如通过状态模型，你预测创造的沟通可能处在风险型状态，那么你的选择是要不要提升沟通带给他人的情绪感受。

3. 你需要根据选择的结果，完成创建任务。比如，通过主动调整使自己的某些信念实现改变，依据掌握的目标模型和状态模式知识，制定一个如何沟通的路线图。

沟通前通过极简沟通ACE系统的准备，是宏观和指导性的计划，大家没必要花很多时间，制订自认为完美或详细的计划。沟通过程充满很多不确定性，沟通并不一定按照你所设想的路线前进，因此详细的计划缺乏意义，甚至很多时候会浪费掉大量时间。

◎ ACE系统如何帮你建立良好的互动

沟通中极简沟通ACE系统，致力于帮助沟通者和他人建立良好的互动。那么它是如何实现的呢？沟通者需要以极简沟通三剑客为框架，不断地重复评估、选择和创建的任务。

1. 当沟通已经发生的时候，你需要不断地评估，比如自己是否恪守极简沟通核心原则，铭记和监控自己的沟通目标，观察自己的沟通带给他人的情绪感受和价值认知现状。

2. 在评估的基础上，你需要不断地做出选择。比如是否要调整自己所持有的信念，使用哪些路径实现自己的沟通目标，是否改变沟通的代表性状态，等等。

3. 基于以上的选择，你还需要不断地创建。比如对自己的信念进行调整，按照选择的路径采取行动实现沟通目标，改变非理想的代表性状态，等等。

如果你想通过ACE系统在沟通中与他人建立好的互动，那么你应该高质量地完成全部任务，而不是仅仅完成其中某个任务。把问题从系统的一部分转移到另一部分的方案，往往不会引起人们的注意，但可能导致更多的问题。有时候你在这个部分做得很好，却因为在另一个部分做得很差，从而导致失败的结果。通过极简沟通ACE系统应用三剑客的工具时，评估、选择、创建的任务会构成一个循环。每一次创建任务的完成并不是结束，你还需要针对创建的结果进行评估、选择和再次创建。这些任务在循环中会不断重复，每次重复都建立在前一次ACE系统任务的基础上。

◎ ACE 系统如何帮你让沟通升华

沟通后阶段，我们通过极简沟通ACE系统让已经发生的沟通实现升华，也就是让沟通创造出更大的价值。沟通者需要做的是：在极简沟通三剑客的框架内，针对前面的沟通重复评估、选择和创建。

具体来说评估任务主要体现在：了解自己在沟通中是否恪守核心原则，自己的沟通目标有没有实现，所选择的路径是否恰当，沟通过程是否处于理想型状态等；选择任务主要体现在：是否对沟通要采取某些补救，对自己的信念是否要调整，要不要从沟通中萃取经验等；创建任务主要体现在：采取某些补救性的行动，为下次沟通做些准备，从本次沟通中获得成长和进步；等等。

在沟通前、沟通中、沟通后阶段，通过极简沟通ACE系统应用三剑客的工具并不复杂，就是明确每个阶段的使命和方向，不断重复评估、选择和创建的任务，为沟通做好准备，与他人建立良好的互动，让沟通升华。

极简沟通ACE系统是三剑客工具基于场景的应用，通过评估、选择和创建的任务将三剑客的工具和个人面临的实际沟通连接起来，提升沟通者创造出有效沟通的概率。

基础是重要的东西，没有根基的人，将来走任何一条路都比那些基础深厚的人来得辛苦和单薄。

——三毛《亲爱的三毛》

第 18 章　ACE 系统的基础能力

评估任务的基础能力

评估是极简沟通ACE系统的第一个任务，也是选择和创建任务的基础。前面我们在探讨评估任务的时候，关注的重点是评估代表什么，需要得到哪些结果等，没有关注如何让更多的人从不善于完成评估任务变成更善于完成评估任务的人。

◎ 完成评估任务的能力

当你开始思考：如何提升完成评估任务的能力时，首先应该关注自己的能力现状。对于正在阅读本书的你来说，都拥有相应的能力，这些能力可以帮助自己完成部分评估的任务。当然不同的读者，这种能力也会存在差异。面对这些能力存在差异的人，如何提供所有人都用得上的能力改善建议呢？后来我将抽象的完成评估任务能力，分解为两种基础能力：确定焦点的能力和觉察现状的能力。主动提升这两种能力，每个人都可以成为善于完成评估任务的人。

◎ 基础能力——确定焦点的能力

确定焦点的能力，代表的是当你面对任何一个沟通时，知道应该将注意力集中在哪里，了解什么是值得关注的，什么不需要特别在意。比如在某个沟通中，你知道信念对沟通结果有巨大的影响，你主动关注自己的信念，就是确定焦点能力的体现。确定焦点的能力是完成评估任务的关键。

你可能会问：为什么非要确定焦点呢？答案很简单，我们的注意力资源是有限的，不可能同时关注所有的信息，最好的策略就是从众多信息中，选择那些对沟通结果拥有重要影响的部分。另外，每个沟通中都包含着非常多的信息。

当你要完成评估的任务时，必须先明白该评估些什么，不知道评估什么，评估也就无法进行。举一个形象的例子，这个过程就像你拿着一台相机准备拍照，只有将相机对准你要拍摄的物品或风景，才能拍到你希望拍摄的景物。

关于提升确定焦点的能力，这里会给你两个建议：

1. 铭记极简沟通三剑客工具的焦点。通过掌握三剑客的工具，你分别认识了三个重要的焦点：自己的信念、沟通的目标、沟通对象的感受认知。不管你在跟谁沟通，或者沟通发生在什么情境里，你都可以按照以上三个焦点完成评估的任务。

2. 在沟通的过程中随机应变。我们遇到的大部分沟通都是个性化的，极简沟通三剑客对应的三个焦点，在沟通中首先应该将哪一个作为优先评估的焦点呢？是自己的信念、是沟通的目标，还是沟通对象的感受认知呢？这个问题并没有特定的答案，你需要根据沟通的特点和场景，进行调整。比如，你在沟通的时候，意识到自己的某句话可能冒犯到了朋友，那么你就应该将焦点放到沟通对象方面，可以了解当前的沟通处在怎样的代表性状态，以便让对方的情绪感受好起来。

◎ 基础能力——觉察现状的能力

觉察现状的能力，指的是能从前面确定的焦点上面，得到更多自己所需要的信息。这里的信息代表的是自己是否违反核心原则、自己的沟通目标是什么、当前的沟通处在怎样的代表性状态。

评估任务的关键是得到全面准确的信息，沟通者对信息的获取能力，决定着评估任务完成的情况。因此，为了获得足够多的有效信息，就需要我们善于觉察现状。有一点我们需要明白，确定焦点，并不能让我们自然得到足够多的信息，还需要自己对现状主动觉察。比如，你确定的焦点是沟通对象，那么你只有认真观察沟通对象，才能得到沟通状态是否处在友好型的结论。如果你没有用心观察，或者不了解极简沟通状态模型的含义，那么你也不会得到“沟通状态处在友好型”的结论。如何提升获得信息的能力呢？这里会给大家提供两个具体的建议。

1. 你要了解极简沟通三剑客工具的特征。只有深度认识这些工具，才会让你拥有一个觉察现状的标准。你要知道核心原则中的具体原则是什么，目标模型中七种基本目标是什么，状态模型中四种代表性状态分别拥有哪些不同。书中的这些内容会像标尺一样，帮助你从当下的沟通中获得准确的信息。

2. 你需要培养沟通中保持专注的习惯。觉察现状需要你拥有足够的专注力，因为当你专注的时候，你的感官才会保持更敏锐的状态，能从当下的沟通中注意到更多细节。如果你无法专注地面对每个沟通，你便难以注意到对方的肢体语言信息，也无法准确了解他人到底在表达什么。

有些人会纠结当下自己完成评估任务的能力。其实，它们反映的只是你的现状，而未来的能力，取决于你当下是否愿意付出努力。当提升确定焦点和觉察现状的能力之后，你一定可以成为更善于完成评估任务的人。当沟通陷入困境的时候，你不会后知后觉，你能够提前发现危机，并做好应对的准备；当你存在陷阱式的信念时，你不会被它们掌控；当你身处一个复杂的沟通时，你也不会被细节迷惑，总能够把握沟通的本质。

选择任务的基础能力

选择是极简沟通ACE系统的第二个任务，在三个任务中发挥着承上启下的作用，也是最具有挑战性的任务。接下来我们将探讨，如何提升完成选择任务的能力。

◎ 选择任务的能力

很多人对自己完成选择任务的能力不满意，甚至有人说，自己没有完成选择任务的能力。这样的说法显然是不准确的。你所具有的能力，可能无法让你在不同的沟通情景中，很好地完成选择的任务，但绝不能说你就没有能力。关于选择的任务也存在两种基础能力，它们分别是发现选项和判断影响。不管沟通者目前完成选择任务的能力怎么样，都可以通过培养这两种基础能力，让自己成为善于完成选择任务的人。

◎ 基础能力——发现选项的能力

发现选项的能力，指的是在当下的沟通场景中，能够看到存在哪些可能的选项。比如，朋友说了一些话你非常生气，认为对方导致了自己糟糕的情绪结果。面对这个情况，你可以选择保持现在的认知，也可以要求自己遵守主体原则，主动为自己的情绪负责。以上这个例子中，对于认知的改变和不改变，就是你的选项。那些发现选项能力更强的人，总是可以看到更多选项。

发现选项的能力之所以重要是因为它是做出选择的前提。如果你不能发现某个选项的存在，那么你一定不会在沟通的过程中选择这个选项。越是能够在沟通的时候看到不同的选项，那么也就有更多的可能做出更好的选择。发现选项很重要的另一个原因是，它可以促使沟通者理性思考。如果目前只有一个选项，那么人们就会默认选择它，但如果面前有两个或三个选项，便会思考哪一个选项才是真正最好的选项。

关于提升发现选项的能力，我依然有两个建议给到你。

1. 你需要学会质疑自己在沟通中的默认选项。默认选项是发现选项的最大阻力，在默认选项的情况下，你不会认为这里存在更多选项。比如，很多人在沟通遇到阻力时，会习惯性地放弃沟通，这时候他根本不会意识到，自己面前其实存在坚持沟通的选项。因此，质疑默认选项，你才可能注意到其他的选项本身。

2. 利用极简沟通三剑客的工具，帮助自己得到更多选项。前面我们对这些工具的学习，可以有效地让自己在沟通中获得更多选项。比如，某个沟通目前处在破坏型状态，过去你可能会和对方吵起来，现在你知道自己拥有多个选项，这种对选项的有意识，能够降低争吵发生的概率。

◎ 基础能力——判断影响的能力

判断影响的能力，指的是在众多的选项和可能性中，分析它们的利弊，明确不同选择潜在影响和后果的能力。比如，你知道目前的沟通处在破坏型状态，你的选项有暂停对话、让对话变成友好型、让对话变成风险型和继续让对话处在破坏型这四个不同的选项。或许，你认为前两个选项要比后两个选项更好，这就是对潜在影响和后果的判断。

选择的任务要求我们做出恰当的决定。如果把做出决定看作按下某个按钮，那么判断影响就是在这之前，心里对不同按钮导致结果的预测。我们之所以会做出某个决定，是因为内心有某些判断。要想做出正确的决定，首先应该确保自己有正确的判断。如果判断是正确的，那么我们做出的决定自然会更恰当。

关于提升判断影响的能力，我会给大家两个建议。

1. 回顾极简沟通三剑客工具中不同选项的后果。我在书中介绍每个工具时，都已经详细地探讨了不同选项可能会产生的影响。比如，让沟通处在破坏型状态，可能导致两个人的关系变得更糟，问题解决变得更复杂。

2. 你需要有意识的培养提问的习惯。比如，在面对某个选项时，问自己如果我这么做了，可能的结果是什么？类似的问题可以促使你思考潜在的影响。当你养成这样的习惯后，你判断影响的能力就会越来越强。

在探讨沟通的话题时，完成选择任务的能力总是被很多人忽视。大部分人都不关注自己的决定对沟通结果的影响。极简沟通ACE系统，让我们注意到完成选择任务有多么重要，而要真正成为一个善于完成选择任务的人，我们就需要努力提升发现选项和判断影响的能力。善于发现选项，可以让你在沟通中注意到新的可能，不局限在某个选项当中。善于判断影响，可以让你在做出决定之前对不同选项的自然结果进行预估，避免自己做出错误的决定。

创建任务的基础能力

创建任务对很多人而言，是极简沟通ACE系统中比较难的一个任务，完成创建任务需要沟通者拥有更强的行动力，这种行动力不会因为自己知道了什么而自动获得，相反需要个人有意识地培养和训练，接下来我们开始了解：如何让更多的人善于完成创建任务。

◎ 创建任务的能力

提升个人完成创建任务的能力，我们具体该怎么做呢？这个问题非常重要，尤其对自己能力并不满意的人。其实，那些对目前能力满意的人，也应该重视这个问题。因为，对能力现状不满意，会让自己拥有更强的动力寻求改变，相反对目前能力完全满意的人，经常不认为自己需要做出改变和提升。为了能帮助更多的人，我将完成创建任务的能力也分解成了两种基础能力，它们分别是：准备资源和采取行动的能力。不管个人目前能力现状是什么，都可以通过培养这两种基础能力，实现创建任务能力的提升。

◎ 基础能力——准备资源的能力

准备资源的能力，指的是面对沟通善于让已经掌握的知识、技巧和信息等资源发挥价值的能力。比如，你已经通过选择的任务做出决定，计划让友好型的沟通状态变成理想型状态，那么准备资源能力的体现，就是回顾之前已经掌握的代表性状态改变知识，明确改变如何实现的过程。

任何沟通中要完成创建的任务，都需要得到一些资源的支持。就像你在一个黑板上写字，你需要借助粉笔这个工具一样。人们每时每刻在使用资源，让它们帮自己实现某些期待的改变。很多人忽视了准备资源这个重要的部分，以为只要去行动就可以得到结果。“工欲善其事，必先利其器”，在沟通中要实现改变，必然需要一些资源，这些资源以工具、知识、经验的形式存在。关于准备资源能力的提升，我依然会给大家两个建议。

1. 你需要让自己拥有更多的资源。这个建议是重要的前提，对于没有资源或资源很少的人来说，要很好地准备资源是不现实的。比如，你没有学习过关于沟通的知识，那么你肯定不会在某个沟通中使用这些知识。任何人都可以通过成为主动的学习者，得到更多的资源。

2. 得到资源后，你应该努力让已有的资源发挥价值。你已经完整学习了极简沟通三剑客的工具，这些工具就是你重要的资源，你必须要使用它们，而不是知道了它们之后将它们抛到一边，再去寻找更多的工具或资源。

◎ 基础能力——采取行动的能力

采取行动的能力，指的是通过做出某些行为或与他人互动，实现特定改变的能力。任何一个沟通中，我们都在不知不觉中采取大量行动。比如，你发现某个沟通，对方感受到的价值比较低，对话处在友好型状态，你准备将对话变成理想型状态，你决定向对方分享一些有用的内容，而你分享内容的过程，就是采取行动能力的体现。如果你什么都不说，什么也不做，你期待的改变自然不会发生。

人们很关注采取行动的能力，甚至很多人会把这种能力当作沟通的全部能力。其实，一座冰山看见的部分，仅仅是它整体中的一小部分。同样的道理，把采取行动的能力看作全部并不恰当，采取行动的能力只是六种基础能力中容易被人们感知到的能力。创建任务的使命是实现期待的改变。这种改变需要我们在沟通的过程中，做些什么或说些什么。我们在与他人互动中的一言一行，都发挥着改变的作用。你需要特别注意对话中自己的言行和期待的改变是否相关。比如，你觉得某个沟通氛围有点差，于是你为了缓和气氛说了一些话，虽然这代表你采取了行动，但这些行动并不一定能改变现状。有时候你不采取行动，其实也是一种行动，也在向对方清晰地传递某些信息，或许也可以带来某些改变。比如，你选择了沉默，好像什么都没说，但也可以解读为，你保留看法或者不愿意参与。因此，采取行动的能力是多种多样的。关于提升采取行动的能力，有两个建议提供给大家。

1.培养主动沟通的勇气。很多人担心自己做得不够好，始终没有勇气主动采取行动，总是被动地面对每个沟通，自然也无法很好地完成创建的任务。如果这种情况也是你当前存在的，那么你要告诉自己：没有人一开始就能做得很好，即使表达被误解了，你也可以通过多次解释，让他人真正明白你想表达的是什么。

2. 学会让极简沟通三剑客的工具，通过四种途径创造价值。对于每个工具，我们都认识了它们如何通过提醒、定位、激励和指导创造价值。每种创造价值的方式都是重要的采取行动。当你懂得应用这些工具创造价值时，也就拥有了更强的采取行动的能力。以上这个建议，也是三剑客工具两种应用方式的结合点。

善于在不同的沟通中完成创建的任务，意味着你能够实现自己期待的改变，能让当前的沟通处在理想型状态，在不同的沟通情境中可以实现自己的沟通目标等。另外，完成创建的任务还取决于评估和选择任务的完成情况，所以你需要认真地对待前面学习过的四种基础能力。

六种基础能力的补充

六种基础能力，致力于帮助人们更好地完成ACE系统中的任务，提升沟通成功的概率。虽然前面已经认识了六种基础能力，但对很多人来说这些认识还是不够的。为了帮助大家更深度地理解ACE系统基础能力，接下来我还会分享更多关于基础能力的内容。

◎ 基础能力是对完成任务能力的分解

六种基础能力，分别对应于评估、选择和创建的任务。这些基础能力，是对完成任务整体能力的分解。将完成某个任务的核心能力提炼出来，可以让人们更有针对性地发现自己的短板，并有效提升完成任务的能力。如果你想让自己变得善于完成评估任务，那么你要培养确定焦点和觉察现状的能力；如果你想成为善于完成选择任务的人，那么你要培养发现选项和判断影响的能力；如果你想让自己成为善于完成创建任务的人，你要培养准备资源和采取行动的能力。

◎ **基础能力也是执行任务的流程**

每个任务中的两种能力，具有时间上的衔接性，前者是后者的基础。比如在评估的任务下，确定焦点是觉察现状的基础；在选择的任务下，发现选项是判断影响的基础；在创建的任务下，准备资源是采取行动的基础。如果你不知道某种任务该如何完成，那么你可以按照两种基础能力的顺序来完成。

假如你的任务是评估，那么你可以首先确定焦点，明确自己要评估什么，然后觉察现状，从而得到更全面的信息。假如你的任务是选择，那么你可以首先发现当下自己拥有哪些选项，再通过分析每个选项可能带来的影响，从而确保自己做出恰当的决定。如果你的任务是创建，那么你可以先准备资源，然后再采取行动。由此可见，ACE系统的使用过程可以分解为六个步骤，确定焦点、觉察现状、发现选项、判断影响、准备资源和采取行动。

◎ **能力培养的起点在开始学习的时候**

虽然你最近才认识极简沟通的六种基础能力，但这并不代表你现在才开始培养这些能力。听到这句话，很多人可能会惊讶：自己之前都不知道这些能力的存在，是如何培养它们的呢？其实对六种基础能力的培养，从学习极简沟通三剑客的工具时就已经开始了，只不过当时并没有定义这些能力而已。

为了更好地理解，我用评估任务下的两种基础能力举例子。在学习极简沟通核心原则、目标模型和状态模型的时候，开始将自己持有的信念、沟通目标和沟通对象作为重点关注的焦点，这就是在培养确定焦点的能力。在沟通中，当我们了解信念是否违反核心原则，了解自己的沟通目标是什么，了解沟通处在怎样的代表性状态时，就是对觉察现状能力的培养。既然六种基础能力培养的起点是你开始阅读本书的时候，现在不妨静下来想一想，经过学习在六种能力的维度上，到底发生了哪些改变。

◎ **将能力提升设定为长期目标**

将极简沟通ACE系统的六种基础能力，设定为个人学习的目标，对改善个人的沟通能力而言，是个非常好的策略。更强的基础能力，可以在每个沟通中有效完成评估、选择和创建的任务，从而高概率地获得有效的沟通。不过这里我要提醒大家，如果要将基础能力提升设定为目标，应该将它们设定为长期的目标，而不是短期的目标。把基础能力提升设定为短期目标，很容易产生急功近利的想法，这对能力的培养是不利的，同时在得到一些进步后，往往会放弃努力。

极简沟通ACE系统，是对工具基于场景的应用方式，它决定着我们能否在自己的生活和工作中，通过极简沟通“三剑客”工具得到满意的沟通结果。因此，六种基础能力不仅仅是ACE系统的基础，同样也是极简沟通三剑客工具的基础。关于六种基础能力的培养，前面的了解仅仅是个开始，未来你还需要持续努力，主动在不同场景中刻意练习，直到自己真正拥有这些基础能力。

第五部分　小结

极简沟通ACE系统中的ACE，代表的是评估、选择和创建三个任务，能否在沟通中更好地完成任务，是影响沟通成败的关键。ACE系统除了任务之外，还有框架、方向和基础能力。我们所说的框架一般指的是小框架，也就是极简沟通三剑客的工具；方向是沟通前、沟通中和沟通后通过极简沟通ACE系统要实现的目标；基础能力分别是确定焦点、觉察现状、发现选项、判断影响、准备资源和采取行动，它们分别对应于评估、选择和创建三种任务，致力于帮助更多人在不同的沟通情境中有效完成三种任务。

第六部分

极简沟通实践篇

沟通是一种实践，掌握一套沟通方法的标准，不仅仅是知道该如何沟通，而是能够通过它的指导，在生活和工作中创造出更多高质量的沟通。许多人以为：了解某件事情怎么做，就代表能做到这件事情。其实，从想明白一件事情，到真正做到这件事情，是很多人难以达到的距离。如果学习极简沟通你只花了两周的时间，那么实践极简沟通你至少应该花半年以上的时间。在沟通中主动实践极简沟通，虽然是一个很小的改变，但它一定会让你的世界变得更美好。

所有幸福的家庭都十分相似；而每个不幸的家庭各有各自的不幸。

——列夫·托尔斯泰

第 19 章　在家庭场景实践极简沟通

很多沟通是发生在家庭场景下的，也就是和家人之间的沟通。我们能够从家庭中得到多少快乐和幸福，与彼此沟通的质量息息相关。与其他场景不同，家人之间非常熟悉，沟通的频率很高，所以很多人会忽视沟通的重要性。卓有成效的沟通让家庭和睦，使每个人感受到更多温暖和爱。而失败的沟通，会使家庭成员之间彼此伤害，让每个人体验到大量的痛苦。与其被动地渴望家庭和睦，家庭成员和谐相处，不如主动采取行动，让一切变成现实。当你愿意在家庭的场景中，使用极简沟通时，你一定可以创造出更美好的家庭关系。

家庭场景中，我们所面对的沟通对象主要是爱人、孩子和父母。虽然他们都是家人，但每个沟通对象彼此之间也存在一些显著的差异。为了更好地帮助大家在家庭场景中实践极简沟通，我从沟通培训和教练辅导中，收集了一些关于实践极简沟通的故事，这些故事都是根据真实的案例改写的，在改写的过程中去除了较为个人的敏感信息，保留了实践的主要特征，它们可以指导你更好地实践极简沟通。

与爱人沟通时实践极简沟通

对成年人而言，家庭场景中最主要的沟通对象是自己的爱人。这里的爱人既包含你的妻子（丈夫），也包含你的女朋友（男朋友）。与爱人所建立的亲密关系，是每个人最重要的关系之一，而沟通是人们维持亲密关系的重要途径。以下两个故事，你可以快速了解极简沟通如何帮助个人实现有效的沟通。

琳达的故事

琳达和丈夫汉斯的感情很好，但最近他们的关系出现了一些问题。前几天琳达在收拾东西时，不小心弄坏了汉斯珍爱的手表，这块手表是汉斯的哥哥送给他的。琳达及时向汉斯表达了歉意，虽然汉斯没有责怪她，但能够明显地感受到他心里非常不高兴，这几天对她表现得非常冷淡。琳达很苦恼，她希望改变这一切，于是尝试和汉斯沟通，但汉斯却不愿意谈论这件事情，于是琳达也不想沟通了，两个人开始了漫长的冷战。

琳达最近学习了《极简沟通：让沟通化繁为简的学问》，她开始尝试使用这门学问解决当前的沟通问题。她开始评估自己所持有的信念，觉得自己没有很好地遵守路径原则（坚持沟通的选项），当她主动跟汉斯沟通遭到拒绝时，自己就放弃了沟通。于是她做出了选择并完成创建，告诉自己要主动地与汉斯沟通解决这个关系中的问题，不能因为汉斯拒绝沟通而任由关系变得更加糟糕。最终在琳达的多次尝试下，汉斯终于和琳达分享了自己的感受。汉斯告诉她，其实自己一直很生气，只是不想因此而指责琳达。经过沟通他们的关系又恢复到了过去的状态。琳达在汉斯生日的时候，送给了汉斯一块新的手表作为生日礼物，汉斯很高兴。

琳达实践极简沟通的感悟：我们很容易在他人拒绝沟通时放弃沟通，而极简沟通核心原则，让自己及时觉察到这一切，并做出了有效的改变。感谢路径原则帮助自己修复了和爱人的关系。

志文的故事

志文和盈盈相恋多年，他们决定近期结婚。关于婚礼这件事情，他们进行了多次沟通，发现彼此存在很大的分歧。今天他们又对这个问题进行了沟通，不过沟通并不顺利，以下是他们沟通的对话。

志文：亲爱的，我们相爱是最重要的，我希望婚礼还是能够简单一些。

盈盈：相爱虽然重要，但也需要见证啊，这是我一生中的大事，一定要办得盛大隆重。

志文：在我看来，你认为的隆重，就是排场大、花钱多、要面子！

盈盈：我要的是一种仪式感，它们在你眼里就是这么俗吗？真的没办法和你沟通！

志文希望能有一个简单而浪漫的婚礼，盈盈则希望婚礼是盛大的，这一次的沟通又不欢而散。志文内心很纠结，担心让步会让婚礼变成自己讨厌的样子，不让步又担心会让盈盈不开心。面对这种情况，志文想起最近学习的极简沟通，决定应用极简沟通解决当下的问题。

志文对当下的沟通目标进行了评估，发现自己的沟通目标是：协作+亲密+影响。他既需要和盈盈共同做出婚礼设计的决定，还希望维持自己和盈盈关系的亲密度，同时又想盈盈能够做出跟自己一致的决定。他回顾核心目标实现的路径。关于协作，他意识到彼此现在的讨论内容是方向性的，同时又是比较抽象的，更具体一点有助于彼此更好地做出决定。关于亲密，他觉得应该找自己和盈盈的共同点，虽然彼此的观点不同，但都希望举办一个有意义的婚礼。关于影响，他觉得应该转变盈盈的看法，不要把有意义等同于盛大和隆重，可以是精致。于是晚上他又和盈盈进行了一个对话。

志文：亲爱的，我认真考虑了你的想法。

盈盈：你是同意了吗?

志文：我们一定要举办一个有意义的婚礼，这一点我非常同意。

盈盈：是啊，我还以为你不在乎这一切呢。

志文：我们需要把婚礼的具体细节定出来，之前的讨论太模糊了，不过我们不能浪费。

盈盈：你说的不浪费，就是简陋吧。

志文：我们的预算有限，应该把钱留在对未来新家更重要的事情上，我们需要共同努力让婚礼有意义和精致，但不浪费和浮夸，你觉得呢?

盈盈：谢谢亲爱的，这一点我也同意。

志文实践极简沟通的感悟：很多沟通中的争执都是毫无必要的，所争论的内容缺乏针对性，如果能有清晰的目标，那么沟通就可以变得更高效。极简沟通目标模型，让自己更科学地进行沟通，使生活中收获了更多幸福。

以上两个故事是琳达和志文在和爱人沟通时，对极简沟通的实践，它们的重要意义在于为你提供示范，而不是让你完全照搬或模仿实践过程。你在实际的沟通应用中，应该根据自己的沟通特点灵活应用它们。为了更好地实践极简沟通，在应用时你可以注意以下三个特征。

1.在和爱人沟通时，实践极简沟通，需要注意到两性之间的差异。男性和女性在思维和行为等方面存在很多显著的区别。彼此在沟通时，如果忽视这些区别，则会导致沟通出现问题。

2.在和爱人沟通中实践极简沟通，你应该关注彼此所扮演的角色差异。不管是妻子对丈夫，还是丈夫对妻子，都有一些和角色相关的期待。它们对沟通的结果同样拥有重要的影响。

3.在和爱人沟通中实践极简沟通，还应该了解关系中的排他性。任何亲密关系中，人们都希望得到对方的忠诚，渴望保持关系的唯一性。当一方感受到这种唯一性受到威胁和破坏时，往往会产生强烈的情绪反应。

与孩子沟通时实践极简沟通

如果家庭中你必须扮演父母的角色，那么你还需要跟孩子进行沟通。很多父母虽然内心深爱着孩子，但经常在不知不觉中与孩子制造出大量失败的沟通。这些失败的沟通，对孩子的成长和彼此的亲子关系，会带来破坏性的影响。通过以下两个故事可以让你明白，在与孩子沟通时极简沟通如何帮你做得更好。

伟博的故事

伟博的女儿娜娜，今天要开始上幼儿园了。早上伟博准备把她送去幼儿园，娜娜哭闹着不愿意跟伟博出门，伟博尝试着和娜娜沟通，但娜娜死活不愿意离开家。只要一提幼儿园就哭闹不止，伟博很无奈准备抱着娜娜强行出门，但害怕这样的方式会伤害到娜娜。伟博不知道和娜娜怎么沟通，才能让娜娜去幼儿园。

伟博已经学习了极简沟通，觉得当前应该实践它。他开始评估自己和女儿娜娜沟通的状态，在关于上幼儿园这件事情上，显然自己创造了破坏型的沟通，他让娜娜的情绪感受很坏，也无法让自己说的内容使娜娜认知到价值和意义。于是他做出选择要创造出理想型的沟通。他先让娜娜的情绪变得稳定，在娜娜不哭的时候他告诉孩子，在家里只能自己一个人玩，而在幼儿园可以有很多小朋友一起玩。同时他还告诉娜娜，爸爸只想带她到幼儿园看一看，如果好玩就到那里玩，如果不好玩可以跟自己回来。在他耐心的沟通下，娜娜终于同意去幼儿园看一看，结果到幼儿园看到很多小朋友，于是她想留下来。

伟博实践极简沟通的感悟：千万不要只站在自己的角度和别人沟通，要时刻关注沟通的状态，站在他人的角度，才能得到自己想要的沟通结果。从自己和孩子的沟通开始，我越来越喜欢极简沟通了。

丽莎的故事

丽莎的儿子凯文今年15岁。以前凯文放学后，总是会跟丽莎说很多学校的事情，但是最近凯文不愿意说了。这种改变让丽莎有些担心，她觉得自己和凯文的距离疏远了，便经常主动询问凯文在学校里的事情，每当这个时候，凯文就表现得爱理不理，总想结束谈话。以下是今天的对话。

丽莎：凯文，你今天在学校过得怎么样？

凯文：还好。

丽莎：跟我讲讲学校里的事情吧！

凯文：和平常一样，没什么好讲的。

丽莎：怎么可能和平常一样呢，每一天肯定有些不同。

凯文：妈妈我累了，我去休息了。

丽莎又一次感到凯文在刻意疏远自己，内心很失落。她不知道该怎么和凯文沟通，才能改变这一切。为了解决这个问题她想起最近学习的极简沟通。她开始评估自己持有的信念，发现与主体原则存在冲突。凯文没有向自己分享学校的事情，自己觉得失落，实际上是把自己情绪的责任推给了凯文。同时凯文是否要分享学校里的事情，这是凯文自己的选择，她应该尊重对方的权益，不应该强求凯文给自己讲学校里的事情。于是她做出决定，准备调整自己的信念。开始主动给凯文更多的空间，不再每天都逼着凯文跟自己说学校的事情。后来凯文愿意主动地向她分享一些信息，这时她才明白以前没有做好准备，接受孩子逐渐长大这个事实。

丽莎实践极简沟通的感悟：极简沟通核心原则像一面镜子，让自己看到自己持有的不恰当信念，从自己身上找原因，而不是把问题都推到他人身上。

以上故事是伟博与丽莎在与孩子沟通时，对极简沟通的个性化实践，大家需要明确它们的重要意义在于给你示范，而不是让你完全照搬或模仿。你在实际的应用中应该根据自己沟通的特点灵活使用极简沟通。另外在与孩子沟通时，你还需要注意以下三个特点。

1. 你需要了解成人和孩子的差异，孩子所拥有的知识和能力是无法与你相比的，不要把自己认为简单的事情，当作对孩子同样简单的事情。

2. 在与孩子沟通时需要了解孩子对父母的基本期待。每个孩子都渴望得到父母的重视和爱护，当他们感受不到重视和爱时，会感到很挫败和受伤。

3. 你需要明确父母的基本使命。父母需要将一些基本的生活技能和解决问题的方法，传授给孩子，带给孩子成长。

与父母沟通时实践极简沟通

如果在家庭中你是孩子，那么你肯定要面对和父母的沟通。或许你希望能够得到父母的爱与支持，可以跟他们好好说话，但真实的现实往往令人沮丧，很多人总是跟自己的父母发生冲突和争吵。导致这一切的原因是复杂的，其中失败的沟通经常是罪魁祸首。以下两个故事或许可以带给你启发，让你知道如何在与父母沟通时实践极简沟通。

雨婷的故事

雨婷是一名大二的学生，今年暑假她想要参加学校组织的义工项目，前往偏远地区进行支教。一想到自己可以去那么远的地方，内心非常兴奋，她激动地把这个决定告诉了妈妈。但没想到却被妈妈强烈地反对，妈妈担心支教的地方生活条件差，同时雨婷的安全没办法保证。面对妈妈的反对她有点不知所措，雨婷非常想参加这个项目，但又希望得到妈妈的同意和支持。妈妈的性格非常强势，她不知道怎么和妈妈沟通才能得到她的同意。

雨婷准备使用极简沟通中学习到的工具，与妈妈进行一次对话。她在沟通前针对极简沟通核心原则应用了ACE系统，发现自己没有坚持沟通的选项。同时也针对沟通目标使用了ACE系统，认为自己的沟通目标是影响。于是她决定使用好处和效仿的路径，说服妈妈接受自己去支教的想法，以下是她创建沟通的过程。

雨婷：妈妈，关于支教的事情我还想跟您聊一下。

妈妈：支教的事情不是都决定了吗，我不同意。

雨婷：我从小一直没有去过很远的地方，我非常想去。

妈妈：支教的地方比较偏远，我担心你受不了。

雨婷：我应该锻炼一下，我认为这是个很好的机会。

妈妈：你的确应该锻炼一下自己。

雨婷：而且这次很多同学一起去，我一定保证自己是安全的，而且我们还可以随时电话联系。

妈妈：如果这样，那就去吧。一但决定了去，就要坚持下来，不要过几天又跑回来。

雨婷：谢谢妈妈，我一定会坚持下来的。

本来雨婷已经不抱希望了，因为妈妈非常强势，做了决定的事情别人难以改变。但她还是通过沟通实现了自己的目标。前面的沟通中当她说到锻炼自己时，妈妈的态度发生了一些改变，明显这种改变源于妈妈看到了更多的好处和意义，并通过表达和其他同学也一起去，降低了妈妈对安全的顾虑。

雨婷实践极简沟通的感悟：当你想要放弃沟通的时候，你一定要想起极简沟通核心原则，它会给你力量，让你主动去和他人沟通，从而争取自己想要的结果。

芳芳的故事

芳芳的工作非常忙碌，她的婆婆在帮她照看孩子，但是婆婆特别宠爱孩子，面对孩子的所有要求总是答应和满足。最近芳芳发现孩子变得非常任性，她认为这些行为都是由婆婆导致的，她难以接受目前的结果。她希望跟婆婆进行一些沟通解决这个问题。

芳芳：妈妈，关于孩子的事情我想和您聊聊。

婆婆：怎么啦?

芳芳：您对孩子太宠爱了，这会让孩子变得越来越任性。

婆婆：孩子小的时候，我们就应该多爱他一些，长大了他自然会懂事。

芳芳：我们不能等着他懂事，我们要教育他变得懂事。

婆婆：那你们自己带吧，我不带了。

对话就这样陷入了困境，芳芳感到既委屈又生气，觉得婆婆好难说话。当前的现状让她很头疼，开始在心里想怎样跟婆婆沟通，才能够让婆婆既愿意带孩子，又不过于溺爱孩子，于是她想起了最近学习的极简沟通。她开始使用ACE系统对沟通的状态评估，她意识到自己刚才创造的沟通处在风险型状态，前面的表达否定了婆婆的付出，婆婆心里肯定很不爽的。如果婆婆有情绪，即使认同自己关于教育的想法，也不会接受自己的建议。于是她需要做出调整和改变，让婆婆的情绪感受好起来，然后表达关于教育的想法。

芳芳：妈妈你误会了，我非常感谢您帮我带孩子。

婆婆：你不是嫌我带得不好嘛？

芳芳：您带得很好，您太爱孩子了，总是满足孩子的要求，只是我担心不利于孩子成长。

婆婆：你想让我怎么做呢，难道不爱孩子吗？

芳芳：不是的，妈妈，我只是希望您带孩子出去时，不要他想要什么您都给他买。

婆婆：好的，我知道了。

在以上这个沟通中芳芳通过及时调整，表达对婆婆的感谢，让对话的氛围变得好了起来。在这样的背景下婆婆也接受了她的小建议，如果前面芳芳没有及时做出调整，那么彼此的对话很可能会演变成争执，显然这不是所有人都想要的结果。

芳芳实践极简沟通的感悟：对沟通的状态保持觉察，那么你就能够在沟通变坏的时候，及时做出调整和改变，状态模型真的很神奇。

前面的两个故事是我们和父母沟通时，实践极简沟通的示范。虽然每个人的父母并不一样，但跟父母的沟通往往具备一些共同点。了解它们有助于你更好地实践极简沟通。

1. 在与父母沟通时，你需要明白彼此存在代沟是非常普遍的。父母成长的年代、拥有的经历与你必然不同，你希望他们能够始终理解你并不现实，接纳代沟是有效对话的第一步。

2. 不管你的年龄多大，在父母的眼中你都是孩子，因此他们会习惯性表现出掌控。虽然这些掌控的初心是为你好，但他们给出的建议未必真的能够带给你好的结果。

3. 在与父母沟通时你还应该了解，自己是一个独立的个体，不应该每时每刻都遵照父母的建议去生活。在你没有能力做出正确判断或在未成年的时候，你应该倾听他们的建议，参考他们的方案。当然，这个选择并不代表没有主见，如果他们的建议和方案存在明显的问题，你应该坚持自己的判断并和他们积极沟通。

我的人生中曾遭遇过无数的困难和挫折，但困难和挫折后来都变为成功的基础。现在回顾起来，我感觉到当初认为痛苦的事情，后来全都给我带来了好结果。

—— 稻盛和夫《干法》

第 20 章　在职业场景实践极简沟通

工作的场景我们一般将其称为职场。对大部分人来说，工作是自己生命中非常重要的一部分，人们通过工作为他人和社会创造价值，同时也得到回报与成就感。在职场中沟通是必不可少的，也是任何工作和价值创造的基础。卓有成效的沟通，不但可以保证高质量地完成工作，同时还能够极大地提升工作效率。与此相反，失败的沟通则会放大沟通对象之间的分歧，制造出大量冲突，使工作难以推进，从而浪费彼此的时间和精力。

职场中你可能要面对很多人，他们或许是你的上司、你的同事、你的下属，以及你的客户。在面对这些不同的沟通对象时，我们经常需要使用不同的方式，比如人们不会用和上司沟通的方式去和自己的下属沟通。为了帮助大家在职业场景中，更好地实践极简沟通，我从沟通培训和教练辅导中选择了一些故事，为应用和实践极简沟通提供指导。

与老板沟通时实践极简沟通

职场中几乎所有的人都需要跟自己的老板进行沟通，除非你自己就是老板。这里的老板可能是你的部门上司，也可能是你们公司的负责人，泛指比你职位更高的上级。职场中不管是向老板汇报工作，还是跟他谈论其它的事情，沟通总是无处不在。高质量的沟通有助于老板认可你，得到期待的升职加薪。如果你想知道在和老板沟通时，如何实践极简沟通，那么下面的两个故事或许可以给你一些启发。

艾莉的故事

艾莉负责公司的销售业务，针对当前的市场情况，她曾经向老板提出了多个方案，不过这些方案都被老板否决了。最近公司的业绩发生了较大下滑，今天老板找她谈话。

老板：艾莉，最近的销售业绩非常不好，你的工作要做一些改进。

艾莉：我在寻找问题的原因，如果前段时间我们能够按照之前的方案推进，应该能够避免当前的问题。

老板：你的意思是，我导致了销售业绩下滑吗？

艾莉：老板你误会了，我不是这个意思。

老板：作为一个管理者，要多反思自己的问题。

老板说完这些话，就很不开心地结束了对话。艾莉回到办公室很自责，她本来想让老板重新考虑之前自己的方案，结果被老板误会了，以为自己把销售业绩下滑的责任推卸给了他。艾莉想起学习过的极简沟通，她希望通过实践极简沟通改变当前的现状。

针对业绩的问题，她还需要跟老板进行沟通。在沟通之前她针对沟通状态的焦点，应用了ACE系统。通过评估她意识到：接下来的沟通，很可能会处在破坏型的沟通状态。因为当前的误解，会导致老板的情绪感受不好，同时很可能会认为自己表达的内容也没有价值。她做出选择：必须在下次沟通时提升老板对自己的情绪感受，同时要让自己的表达更有价值。她开始创建自己希望的改变：她写了一份邮件，向老板道歉并解释了刚才的情况，同时还为目前业绩下滑的问题，提出了三个比较有建设性的方案。后来她收到了老板的回复，老板要求她去办公室进一步探讨方案的情况。

艾莉实践极简沟通的感悟：沟通和表达时，一定要想想自己的表达会带给对方怎样的情绪感受。有时候你想表达的是A，但别人接收到的却可能是B，极简沟通状态模型，可以给你的沟通提供重要的指导，让你站在他人的角度进行沟通，它是我在职场中的秘密法宝。

玉琳的故事

玉琳在当前公司工作了2年，但她的工资只涨过一次，而且那还是很久以前的事情。虽然她喜欢目前的工作，但总有一种被忽视的感觉，她一直想跟老板安妮谈谈这个事情。最近她协助安妮完成了一个大项目，在这个项目中她付出了很多。据她了解项目也会给公司带来较高收益。原本她以为上司会主动给她涨工资，结果都过去半个月了，安妮从来没有跟她谈过加薪的事情，这让她很不开心。最近她准备直接向安妮提出辞职，但又不想去重新找工作，于是她很纠结。

玉琳想起最近学习的极简沟通，她开始通过ACE系统评估自己所持有的信念，意识到自己存在一个问题：从来没有主动跟安妮谈过薪酬的事情，只是被动地等待老板调整自己的薪酬。她担心主动表达会让老板不开心，自己一直在逃避沟通，违反了路径原则。现在她明白，自己没有表达，安妮并不一定知道自己的期待。她准备改变这一切，做出决定要主动跟老板谈一谈，于是她开始为自己和安妮的沟通进行准备。她通过ACE系统以状态模型为焦点进行评估，主动跟老板安妮谈薪酬，可能会让对方的感受不够好，容易让沟通陷入风险型或破坏型状态，所以她决定在提出加薪之前先表达对老板安妮的认同，使对方拥有更好的情绪感受。

玉琳：老板有件事情，我想与你沟通一下。

安妮：什么事情，你说吧。

玉琳：这两年我一直很感激你带给我的成长，在这里工作很愉快，只是有件事情比较苦恼。

安妮：很高兴能够听到你这么说，为什么苦恼？

玉琳：公司好久没有给我调整工资了，是不是你对我的工作能力不满意？

安妮：你的工作很棒，本来准备年底给你做一些大的调整，那就从下个月开始执行新的工资标准吧。

玉琳：谢谢老板，你能够认可我的工作，我很开心，我一定会继续努力的。

玉琳实践极简沟通的感悟：极简沟通给了我非常大的帮助，它让我明白：如果有件事情让你苦恼，请不要独自纠结，你要大胆地找对方沟通，只要努力创造理想型的沟通状态，这些问题一定可以妥善解决。

通过以上故事，你可以了解与老板沟通时如何实践极简沟通。每个沟通都是不同的，以上应用只是一些示范，你还需要基于它们的启发根据情境灵活实践。最后，我们来认识三个跟老板沟通时，需要注意的特征。

1.与老板沟通时，你要关注自己的价值创造和对团队的贡献。任何一个老板都希望自己的下属能够创造价值。下属在与老板沟通时，一定要传递有价值的信息。

2.你需要注意到彼此的信息不对等现象。老板与下属的身份差异决定了他们在看待问题时，可能会选择不同的角度，关注的重点也存在差异。

3.在与老板沟通时，你还应该了解一些职场的礼仪规范。每个老板都希望得到下属的尊重，你在沟通中的称呼、措辞以及行为表现，如果让老板产生不被尊重的感受，这会让彼此的沟通陷入困境。

与同事沟通时实践极简沟通

很多人的工作，并不是由自己独立完成的，而是需要跟其他同事一起协作完成。因此，在职场中他们需要花很多时间，与自己的同事沟通。卓有成效的沟通，使彼此高效地完成工作，而失败的沟通让彼此互相干扰，浪费大量的精力和资源。以下两个故事可以让你在与同事沟通时，更好地实践极简沟通。

查理的故事

查理的同事查尔斯工作能力很强，同时又特别乐于助人，查理也经常得到他的帮助。查理一直对查尔斯充满感激，但同时也有一些不满。查尔斯经常在公开的场合指出自己的错误，这让查理很难堪。查理准备和查尔斯进行了一场对话，希望能够改变目前的现状。

查理：查尔斯，有件事情我想和你谈谈。

查尔斯：有什么事情需要我帮你搞定吗？

查理：不是，我能提一个小小的要求吗？

查尔斯：没问题，你说吧。

查理：我希望你能够在私下里指出我的问题，公开场合指出问题，让我非常难堪。

查尔斯：你的自尊心这么强！好吧，那我以后不帮你解决问题了。

查理：你误会了，我只是不希望你在公开场合指出我的问题。

查尔斯：但我觉得你在逃避错误，为了照顾你的自尊心，以后不要再找我帮忙了。

查理本想让查尔斯能够在指出问题时，照顾自己的感受，结果却弄巧成拙。未来工作上，他还需要查尔斯的帮助。面对现状他很苦恼，计划使用极简沟通解决这个问题。首先他通过ACE系统对自己的信念进行评估，他意识到自己违反了主体原则，认为查尔斯单方面导致了自己产生不好的情绪。查尔斯指出他的问题时，他非常在意别人的看法，越是这样越难以接受查尔斯的建议。如果能把注意力放在如何做好工作上，自然不会感到难堪，甚至可能会因为查尔斯的反馈而高兴。他开始做出选择，要做一个敢于面对错误的人，于是他去找查尔斯向他道歉，并创建了一个新的沟通。

查理：查尔斯，之前是我错了，我向你道歉，你可以随时指出我的问题。

查尔斯：也不完全是你的错，有时候我太直接了，我以后也会注意的。

查理：我应该勇敢地面对错误，越逃避错误，越难以从错误中得到重要的启示。

查尔斯：你这样想，真的很棒。

查理实践极简沟通的启示：有时候不是他人的行为让你产生某些情绪，而是你持有的信念导致了这些情绪。极简沟通核心原则，让我有勇气面对自己的错误，学会从自己的身上找问题。为自己的情绪负责，是我得到的最好忠告。

汤姆的故事

汤姆最近换了新工作，跟目前公司的同事都不熟，他希望能认识一些新朋友。坐在他附近的是同事杰森，他希望能够与杰森建立好的关系，他主动跟杰森进行沟通，但杰森却用比较冷漠的方式回应他。这让他很苦恼，觉得自己不优秀，更是不受欢迎的人，这样的想法使他不再主动跟其他同事交流，开始变得独来独往。

现在汤姆学习了极简沟通，他准备在这个问题中实践自己学到的内容。他通过ACE系统应用极简沟通核心原则，评估自己的信念后，认为自己违反了平衡原则（我们都是重要的），在和同事相处时，觉得自己对同事来说不重要，于是把自己放在更低的位置。完成评估的任务后，他做出决定要改变这一切，他在心里告诉自己：不要因为别人的冷漠而否定自己。

除此之外，他还通过ACE系统评估自己的沟通目标，确定沟通目标是亲密（和同事建立好的关系），于是决定使用共同点的路径来跟同事建立关系。

通过观察他发现自己和杰森都喜欢漫画，有一天他主动和杰森聊起了漫画，原来他俩有许多共同喜欢的漫画书。杰森不再用冷漠的方式回应自己了，而且他还发现自己之前误会杰森了，他的性格就是不喜欢跟别人交流，之前并不是刻意冷漠自己。

汤姆实践极简沟通的感悟：不要消极地看待他人的行为反应，很多时候可能是你错误解读了他人行为的含义，极简沟通核心原则让我及时发现了这个问题。

如果你希望和同事沟通时，有效地应用极简沟通，那么前面的两个故事应该能够给你一些启发。除了这些启发之外，你还应该铭记以下三个关键要点。

1.同事之间的沟通是高频率的，而且非常注重沟通的效率和准确性。所以你需要主动地和同事共享信息，同时要寻求对方的反馈，努力让沟通产生价值。

2.在与同事沟通时，你应该了解彼此身份是平等的。同事之间的沟通不同于上级和下属之间的沟通，双方在职务上可能没有高低之分，彼此属于同一层级，一般不存在单方面的服从与要求。

3. 彼此之间的沟通应该建立在互惠基础上。你的工作可能需要同事的支持和协助，同样同事的工作也需要你的支持与协助。忽视互惠的基础，只要求对方配合你，或者总是牺牲自己的工作配合对方，都会出现问题。

与下属沟通时实践极简沟通

如果你是职场中的一位管理者，那么你还需要面对很多与下属的沟通。不管是为下属分配任务和工作，还是帮助下属进步成长，都少不了沟通的过程。对管理者来说，好的沟通会让团队和组织的效能变得更高，而失败的沟通可能会阻碍团队成员创造价值。下面两个实践极简沟通的故事，或许可以在你和下属沟通时给你启发。

郑强的故事

郑强是一家外贸公司的部门经理，最近自己的下属芸芝，工作上出现了很多问题，他决定跟芸芝谈一谈，希望通过沟通让芸芝注意到问题，并对自己的工作进行改进。

郑强：芸芝，最近你的工作出现了好几次失误，是什么原因导致的?

芸芝：这几件事情都不是我的原因，是客户的问题。

郑强：那其他人为什么没有出现这些问题呢？你怎么总是推卸责任。

芸芝：你是看我不顺眼对吗？老是针对我。

郑强：不是针对你，而是你的工作太差劲了，还不想让人说。

于是郑强和芸芝吵了起来，郑强非常愤怒，觉得芸芝的素质太差了，是她让自己的情绪很差。晚上郑强回到家，想起最近新学的极简沟通，通过ACE系统评估了当天的沟通，自己开始有点懊恼。首先，意识到自己忘记了极简沟通核心原则，应该自己为情绪负责，而不是由芸芝来为自己的情绪负责。其次，自己的沟通目标是让芸芝改进工作，显然这个目标并没有实现，相反让芸芝改进工作的意愿变得更低。另外，自己在和芸芝对话时，还不知不觉中创造了破坏型的沟通。他开始做出选择，准备对今天的沟通做些补救，决定给芸芝发消息，向芸芝表达歉意。

郑强：芸芝，今天跟你发生冲突，非常抱歉。刚才我也在反思自己的问题，你在很多方面都做得很好，或许我过于关注你出现的错误，对你表现出色的部分缺乏肯定。

芸芝：最近这几个错误，真不是因为我导致的，你说我的时候，我感到非常委屈，所以态度不好。

郑强：大家都想将工作做得更好，希望我们以后能创造有价值的沟通。

芸芝：如果你不是一开始就气势汹汹的指责我，我也不会像今天这样。关于工作方面，我会努力改进的。

郑强：这也是我所希望的，以后我也会注意自己跟你沟通的方式，最近我也在进行这方面的学习。

郑强实践极简沟通的感悟：好好说话可能是你的愿望，但这种愿望经常会因为一些干扰而难以实现，极简沟通可以提醒自己在关键时刻，做出正确的选择。

露露的故事

露露是一家企业的高管，她跟下属晓娜年龄相仿，彼此的关系也很好。在工作中晓娜是露露的得力助手，工作成绩也非常出色。工作之余她们经常一起逛街、吃饭。慢慢地露露发现，晓娜在同事中的影响力比自己还大，同时晓娜仗着和自己是朋友的关系，在工作中也不注重很多职场礼仪规范。

露露想跟晓娜做一些沟通，但又担心会破坏彼此的关系，这件事情让她有点苦恼。

露露准备使用极简沟通解决这个问题。她认为在和晓娜沟通之前，应该先做好准备。她通过ACE系统评估了自己的沟通目标，发现是影响+亲密（希望改变晓娜在工作中的一些错误行为，同时又不会破坏彼此较好的关系），为了让这个沟通目标能够实现，她开始回顾核心目标的实现路径，并制订了一个初步的计划，准备使用坦露和转变的路径实现自己的沟通目标。除了极简沟通目标模型之外，她还对极简沟通状态模型，也进行了评估、选择和创建。她明白自己和晓娜的沟通可能会存在风险型状态，所以要在沟通的过程中，努力提升带给晓娜的情绪感受。基于以上的准备她与晓娜进行了以下对话。

露露：晓娜，我有一些苦恼。

晓娜：任何问题都是会解决的，不要忘了有我支持呢。

露露：咱俩的关系比较好，我们在不知不觉中将这种好朋友的关系，带到了工作中。这对工作有干扰，我们彼此之间的互动，经常表现得很随意，不太注重职场中的规范，很多同事心里会有意见。最近我对这个事情有点担忧，也不想因为工作失去你这个好朋友。

晓娜：我们虽然是上下级，可同时也是好朋友，没有必要管那么多。

露露：其实这样对你不公平，你得到的很多肯定，或许在别人看来仅仅是因为跟我关系好。所以我们在以后的工作中，要将彼此的私人关系和工作关系分开。只有这样别人对你的看法才会更公正。

晓娜：我以前没有想过这个问题，不过你说的很有道理，我以后对自己的行为会进行一些改变，在工作中只以上下级的关系相处。

露露实践极简沟通的感悟：有些沟通会比较复杂，容易出现问题。在沟通前做好准备，可以让沟通过程变得更加顺利。通过应用极简沟通，它能够将我们面对的沟通化繁为简。

虽然前面故事中，主人公对极简沟通的应用是非常个性化的，但这些应用依然可以给你重要的示范，让你了解在与下属沟通时如何实践极简沟通。为了更好地应用极简沟通，关于我们和下属的沟通，还应该了解以下几个要点。

1.与下属沟通时，你需要知道彼此共享信息的难度存在差异。对下属来说，要将所有的信息分享给上级是充满挑战的，大部分人可能会隐藏或消除，那些对自己不利的信息。所以，你要鼓励他们做出真实的反馈，创造条件使他们更乐于分享全部信息。

2.管理者应该了解，下属在表达时经常需要你的指引。即使是最优秀的下属，他们也难以做到始终朝着正确的方向努力，所以你需要让他们明确该去向哪里，什么才是正确的方向。

3.在与下属沟通时你还应该明白，驱动执行的不仅仅只有权力。如果你把自己拥有的权力，当作唯一驱动下属采取行动的方式，那么下属的工作往往是缺乏成效的。只有当下属真正认同需要做的事情时，他们才会更有动力地做事。

与客户沟通时实践极简沟通

职场中对很多人而言，客户是非常重要的沟通对象。他们每天都需要花很多时间，与客户进行沟通。在面对每个客户时，都渴望沟通是富有成效的，比如让客户选择自己提供的产品和服务，或者维护自己与客户之间的关系。如何在与客户沟通的过程中，实践极简沟通呢？下面这两个故事或许可以给你一些启发。

莎莎的故事

莎莎是一个商场的化妆品导购员，她的工作是将合适的产品推荐给顾客。比如，有些顾客对某个化妆品非常感兴趣，这个时候通常她会向她们介绍产品，但顾客最终却没有选择它们。每次遇到这种情境她便非常气馁，想不通为什么会这样。顾客明明对产品很感兴趣，对功效也很认可，为什么却不选择产品呢？她不知道如何促使客户选择她推荐的产品。莎莎最近学习了极简沟通，她想通过实践极简沟通得到自己想要的结果。

她意识到自己是在沟通前应用ACE系统，所以使命是为沟通做好准备，便启动了三个任务：自己的沟通目标，是希望客户购买自己推荐的产品（评估任务）；她将实际沟通目标转换为基本目标时，确定为影响（选择任务）；她回想影响核心目标的实现路径，分别是：请求、好处、效仿和转变。并得到了一个计划，准备通过好处和效仿，促使客户购买自己推荐的产品（创建任务）。后来她在和顾客沟通时，便主要谈论这个产品可以给顾客带来哪些显而易见的好处，同时她还向顾客分享别人选择这个产品的故事。使用这样的方法后，她发现自己的推荐被更多的顾客接受了，她很开心。

莎莎实践极简沟通的感悟：如果你想实现某个沟通的目标，你一定要抓住本质，选择有效的路径，而不是选择错误的路径，错误的方向不能带给你想要的结果。极简沟通目标模型，能够使我们明确自己到底为什么而沟通。

罗丝的故事

罗丝是一家公司的客服人员，负责处理产品售后的工作，今天她需要处理一个客户的售后问题。客户要求对已经使用了一段时间的产品进行退货，她向客户详细地解释了公司的规定，但客户依然坚持退货。

罗丝：先生您好，因为产品您已经使用超过7天，公司规定对于使用超过7天的产品，无法给您退货。

客户：那是你们的规定，跟我没关系，我就要求退货！

罗丝：先生您这种情况真的没办法退货。

客户：我不管，我就要退货，如果不退货我就去投诉你们。

于是沟通陷入困境，公司规定这种情况不能给客户退货，而客户要求必须退货。她准备通过极简沟通教给她的方法，与客户进行沟通。她知道自己应该站在客户的角度进行沟通，明白需要让客户拥有好的情绪感受，同时还要努力让客户认知到自己所说内容的价值感。关于较好的情绪感受，她觉得表达关心和在乎应该不错。关于价值感提升，她认为只要能够帮助客户解决问题，客户一定会觉得更有价值感。于是她调整了和客户的沟通方式。

罗丝：先生，我非常在乎您的问题，您为什么要坚持退货呢？

客户：根本不能使用，我尝试了几天，都无法达到我想要的结果。

罗丝：您有没有看说明书操作呢，可以给我说说您的使用方式吗？

客户：说明书没有看，我说了不能用，你给我退货就可以，操作没问题。

罗丝：先生，我一定会帮您解决问题的，这个您放心。如果真是产品问题，也一定会给你免费调换或维修。不过在解决这些问题之前，我们先需要确定问题到底出在哪里。

客户：好，那我给你说一下具体的问题吧。

罗丝通过照顾客户的情绪感受，并主动提升谈话的价值，客户终于答应对产品的问题进行讨论。在讨论中发现，客户的操作方式是错误的，最后成功地替客户解决了问题。

罗丝实践极简沟通的感悟：沟通中即使彼此的立场是对立的，通过极简沟通状态模型，你也可能得到有效的沟通，努力让对话处在理想型状态，可以获得更多问题解决的机会。

每个人和客户的沟通都是独一无二的，可能与前面故事中的沟通并不相同，但对极简沟通的实践过程来说是比较类似的，你依然可以从故事中得到一些启示。为了更好地实践极简沟通，另外，我们还应该了解以下三个要点。

1. 与客户沟通时你需要明白，客户最在乎的是自己需要解决的问题，而不是你提供的产品或服务本身。客户之所以在乎你的产品和服务，是因为它们能替自己更好地解决问题。

2. 你需要在自己的利益和客户的利益之间保持平衡。客户可能希望花更少的钱，得到优质的产品和服务，而你希望在提供产品和服务时，能得到更多的回报。在两个方面沟通者需要寻求平衡点。

3. 你还需要注意，客户的选择源于信赖。有的人希望通过死缠烂打的方式让客户选择自己，其实这只会增加客户的不信任感。如果无法获得客户的信任，客户不会选择你所提供的产品和服务，越是重要的选择越需要更多的信任，沟通的重要使命之一就是建立和客户之间的信赖感。

一个人总要去一个陌生的地方，走上陌生的路，见到陌生的人，这是我们生命的一部分。

——蜘蛛《十宗罪》

第 21 章　在其他场景实践极简沟通

除了家庭和职场之外，沟通还发生在其他的场景。比如，当你参加孩子家长会的时候，你可能需要和孩子的老师进行沟通；当你去购物的时候，你可能需要和导购员进行沟通；当你去就餐的时候，你需要和服务员沟通；当你出行的时候，你可能还需要跟司机进行沟通……即使你哪里也不去只宅在家里，你也可能需要通过网络和社交软件，与朋友和那些有共同兴趣的陌生人沟通。由此可见，沟通发生在你生活的每一个角落。

关于其他场景的沟通对象，我们无法像家庭和职场中那样能全面罗列，每个人面对的沟通对象存在很多不同，为此我特意选择了三类比较有代表性的沟通对象，他们分别是：朋友、陌生人、网络对象。接下来我们将了解与这些人沟通时，如何更好地实践极简沟通。

与朋友沟通时实践极简沟通

虽然每个人拥有的朋友数量不同，但都会有一些朋友。我们进行的很多沟通，就发生在自己和朋友之间。在和朋友的相处中，沟通是维持友谊的重要途径，也是建立友谊的关键。因此好的沟通可以让你交到更多的朋友，与朋友维持更好的关系。如果你想了解和朋友沟通时如何实践极简沟通，那么以下两个故事可能会给你一些启发。

萱萱的故事

萱萱和晓琳是好朋友，萱萱借了晓琳的单反相机出去玩。在使用过程中，不小心将单反相机的外壳弄出了一道划痕，粗心的萱萱在归还相机时并没有发现它。这件事情过后，萱萱感觉晓琳在疏远自己，她不知道为什么？觉得晓琳非常莫名其妙，她也开始疏远晓琳，彼此的联系越来越少。后来萱萱从其他朋友那里得知了相机的事情，她内心非常羞愧。她想跟晓琳解释，希望重新获得晓琳的原谅，但又觉得非常尴尬。

萱萱学习了极简沟通，她在犹豫是否要和晓琳沟通的时候，路径原则提醒她要坚持沟通的选项。以前她不知道晓琳疏远自己的原因，现在知道了而且是自己的错误，所以必须得向晓琳道歉。同时，她通过ACE系统评估了自己的沟通目标，选择了亲密的核心目标，准备通过表达改善关系意愿的路径，实现自己的沟通目标。于是她通过微信跟晓琳进行了联系。

萱萱：晓琳，我最近才知道相机的事情，当时太粗心了，竟然没有发现问题。现在心里非常愧疚，给你发消息是想给你道歉，同时希望能够为自己的错误承担责任。

晓琳：都过去好久了，当时有点生气，现在没事了。

萱萱：当时你有点生气，我没有想到是因为相机的事情，感觉好奇怪。我当时如果能够主动问问你就好了。现在好怨恨自己做了这么多错事。

晓琳：当时没有跟你说，还以为你知道，所以越想越生气，就不想理你了。

萱萱：晓琳，为了向你道歉和承认错误，我给你买个新相机吧，希望未来我们依然能够成为好朋友。

晓琳：不用了，划痕也不要紧，不至于买新的。只是当时心里难以接受，不影响使用。如果你实在过意不去，那就请我吃饭吧，我们好久没有一起聚过了。

萱萱：谢谢晓琳原谅我，我们这周六就一起逛街吃饭吧。

萱萱实践极简沟通的感悟：极简沟通让我明白在犹豫是否要沟通的时候，一定要选择沟通的选项，它可能会带给自己意想不到的收获。

思雨的故事

思雨和心怡是室友，她们形影不离，总是一起去吃饭一起去自习，这学期每个人要报一门选修课，思雨想要报书法鉴赏，而心怡想要报服装与美。她们彼此都想说服对方，与自己报一样的课。

思雨：服装与美太抽象了，你应该跟我去学习书法鉴赏。

心怡：书法鉴赏有什么好学的，还是服装与美更实用。

思雨：为什么每一次都需要我做出让步，你太霸道了吧！

心怡：不是我霸道，是你的眼光总是太差。

于是思雨和心怡不知不觉中吵了起来，她们开始攻击对方。后来的三天她们一直在冷战，心怡很讨厌这样的状态，希望做些改变但又不知道如何跟思雨和解。心怡想起了最近学习的极简沟通，希望使用它解决目前的沟通问题。

心怡通过ACE系统，评估了自己的信念，发现自己在沟通中违反了权益原则。不仅仅在这个沟通中，也在之前她和思雨的相处中，总是倾向于强求思雨接受自己的选择。她决定改变这种现状，她在内心告诉自己：再好的朋友也会存在差异，并不需要彼此的每个选项都一致。同时她评估了自己的沟通目标，内心希望改善和思雨的关系，她将亲密作为自己的基本目标，回顾亲密目标的基本路径，她准备使用坦露的方式实现亲密目标。她找思雨表达了这两天自己内心的反思，最终她们的关系修复了，两个人不再强求对方报同一门课程。

心怡实践极简沟通的感悟：我们很容易以爱或者关系的名义，让他人做出和自己一致的选择。极简沟通中的权益原则，让我在这个方面有了觉察和改变，真正的爱一定包含着尊重。

以上故事中萱萱和心怡对极简沟通的实践，只要你愿意举一反三，你一定可以得到很多重要的启发。最后，我们来了解和朋友沟通时，个人需要特别注意的三个方面。

1. 在与朋友沟通时，你要了解陪伴和支持的基本期待。当人们遇到困难或挫折的时候，经常会寻求朋友的支持，获得支持是人们对朋友的基本期待之一，当然这种支持并不指的是经济上的支持，很多可能是经验或情感上的支持。

2. 你应该知道朋友关系的建立和结束，个人拥有更强的自主性。我们无法选择拥有什么样的家人，但我们可以选择与哪些人成为朋友。

3. 相比于其他的关系，朋友之间会共享更多信息。当朋友开心的时候，可能喜欢把开心的事情讲给你听，当他难过的时候可能会向你分享他的伤心事，真正的朋友彼此之间会共享大量较为私人的信息。

与陌生人沟通时实践极简沟通

与陌生人的沟通经常被大家忽视，但在整体沟通的数量中，其实它们占有很大的比例。每天你都可能会与一些陌生的人进行沟通，比如收发快递、外出打车等。有时候我们可以和陌生人融洽地沟通，但有时候也存在较大的沟通风险。比如，因为一些事情与陌生人发生争吵，甚至上升为肢体冲突。在和陌生人沟通时，创造出富有成效的沟通，对提升生活质量非常重要。通过下面的两个故事，你可以了解在和陌生人沟通时如何实践极简沟通。

威廉的故事

威廉和妮娜在一次聚会上相识，他们两人对彼此的第一印象都不错，于是开始聊了起来。刚开始威廉为了缓解氛围的尴尬，开始向妮娜讲自己工作中的一些趣事，但他从妮娜的表情中看出，对方并不感兴趣。威廉很焦虑，不知道如何才能与妮娜创造出愉快的沟通。他准备使用极简沟通改变这种现状。

当下正是沟通中，威廉知道使用极简沟通ACE系统的使命是建立好的互动。他边和妮娜沟通，边评估自己的沟通目标，希望和妮娜建立更亲密的关系，然后从能够实现亲密目标的路径中，挑选了肯定的路径。他第一次见到妮娜，就觉得妮娜是他见过最优秀的女生，他开始将内心真实的感受说给妮娜听，而不是仅仅说一堆自己认为有趣的事情。经过调整之后，威廉和妮娜的沟通变得更加愉快了。聚会结束时，他们还约定了下次见面的时间。

威廉实践极简沟通的感悟：极简沟通，不但让自己学会站在他人的角度创造沟通，而且还促使自己在沟通中抓住本质与核心，在你不知道该怎么办的时候，它会给予你全新的灵感。

泽宇的故事

泽宇刚拿到驾照不久，这天他非常兴奋地开车出去。在路上不小心刮蹭到了另一辆车，泽宇很不好意思，也有些紧张。准备先向对方道歉，但还没等到他说话，另一辆车里的司机，就气冲冲地走过来。

司机：你眼睛瞎了吗，怎么开得车？

泽宇：你这人什么态度。

司机：我什么态度，你撞了我的车，还有理了是吗？

泽宇：我没说自己有理，只是受不了你这态度，我又不是故意的。

于是泽宇和司机吵了起来，两个人甚至快要打起来了。面对这个糟糕的沟通，泽宇很苦恼，他不认为自己做错了什么，只是抱怨遇到了一个“烂人”。突然他想起了最近正在学习的极简沟通，虽然和那个司机的沟通早已经结束，但现在应用极简沟通ACE系统，依然是有价值的。沟通后可以通过ACE系统对沟通进行升华。

他以核心原则为焦点应用ACE系统，通过评估任务发现，自己在今天的沟通中违反了核心原则。自己之所以很愤怒，是内心认为对方应该为自己的情绪负责，其实自己的情绪感受，并不完全是由对方导致的，源于自己无法接受对方的指责。于是，他做出决定要吸取今天的经验教训，在以后的沟通中记住主体原则。

另外他以极简沟通状态模型为焦点应用ACE系统，他意识到：在今天这个沟通中，虽然他不是故意的，但将别人的车刮蹭，一定会带给对方非常糟糕的感受。不管自己说什么，创造的沟通都可能在风险型或破坏型状态。在这样的情况下，对方用很差劲的方式对自己是很正常的。沟通开头的时候，他应该主动地表达歉意，而不是指责对方的态度。虽然对方的态度真的很差，但指责对方的态度，只会让这个沟通变得更糟糕。

泽宇实践极简沟通的感悟：利用极简沟通对已经发生的沟通进行反思，可以让自己发现沟通过程中的问题，帮助自己获得沟通能力的提升，从而在下一次遇到同样的沟通时做出改进。

前面的两个故事我们可以得到一些启发，帮助大家在和陌生人沟通时更好地实践极简沟通。关于和陌生人的沟通，接下来我们还需要了解三个要点。

1.在与陌生人沟通时，你所了解的信息是有限的。对方喜欢什么？讨厌什么？拥有怎样的经历？这些与对方相关的背景信息，对你来说可能都是未知的，所以不要轻易地评判。

2.陌生人之间彼此的情感压力更小。熟人之间人们倾向于委婉的表达想法，担心直接的表达会破坏彼此的关系，而在面对陌生人的时候，因为没有情感压力所以会表现得更直接。

3.陌生人之间开启对话，需要一个合理的理由。当你主动跟一个陌生人说话或搭讪的时候，你最好能够有一个合理的理由，如果没有合理的理由直接开始对话，会引发他人的不安全感，这会让他人不断猜测你到底想要什么。

与网络对象沟通时实践极简沟通

互联网和社交软件，让沟通超越了物理空间的限制，可以随时随地跟其他地方的人交流，它不仅仅能够让你和已经认识的人更方便的沟通，它还可以让你认识更多新的朋友。与网络对象之间的沟通，是很多人每天花费时间在做的事情。接下来我们通过两个故事来了解在和网络对象沟通时如何实践极简沟通。

鹏飞的故事

鹏飞最近在网上认识了一个女孩云云，他们拥有很多共同的爱好。彼此的感觉挺不错，都希望两个人能够进一步交往。但因为他们在不同的城市，所以彼此还没见过面，不过他们每天都会给彼此发消息。最近有一件事情令鹏飞非常苦恼，他觉得云云陪他聊天的时间越来越少了，每次云云总是以忙为理由结束聊天。鹏飞最近学习了极简沟通，他希望通过实践这门学问解决自己和云云的问题。

鹏飞记得通过ACE系统应用三剑客工具应该要先明确框架。这些框架分别对应的是自己的信念、沟通目标和沟通对象。鹏飞认为当下自己应该以目标模型为焦点，进行评估、选择和创建的任务。他希望通过沟通维持和促进自己跟云云的关系，并改变云云不愿意和自己聊天的行为，其基本目标为亲密+影响。他知道这是一个组合目标，亲密的四种基本路径分别是：意愿、共同点、自我坦露、肯定；影响的四种基本路径分别是：请求、好处、效仿和转变。他做出选择，使用自我坦露和请求这两种路径来实现自己的沟通目标。于是今天他和云云针对目前的问题进行了沟通，他向云云说出了自己的心声，同时也表达了请求，希望云云能够多分配一些时间聊天，最后他们对彼此沟通的频率这件事情，也达成了共识。

鹏飞实践极简沟通的感悟：在两个人的关系中，虽然沟通不能解决所有问题，但有很多问题可以通过沟通解决，极简沟通能够让我更好地解决问题。

晓君的故事

晓君是某个社群的成员，在社群中经常和大家讨论一些话题。今天他在群里看到网友分享了一些观点，他非常不认同，觉得里面存在很多错误。于是他指出了对方观点中的问题，结果对方开始在群里发消息攻击他，他很郁闷。

晓君：这个观点中存在以下几个漏洞，事实并不是这样……

网友：遇到鸡蛋里挑骨头的人，我也是醉了。

晓君：我只是说出个人的看法，你也太敏感了吧？还不让他人发表自己的看法了。

网友：像你这样垃圾的看法，说出来就是找骂。

晓君被对方骂得莫名其妙，他只是指出对方观点中的错误，为什么会遭到对方这样的攻击。他越想越觉得愤怒，于是和这个网友在群里骂了起来，最终自己和网友都被群主移除了社群。晓君觉得自己没有做错什么，为什么会得到这样的结果，整整一天他都很不开心，越想则越怨恨那个网友。

晓君最近学习了极简沟通，他使用学习到的知识来分析过去的这件事情。首先，他意识到，自己在指出网友的问题时，没有照顾到对方的情绪感受。当着社群中那么多人的面，毫不客气地指出对方观点中的错误，一定会让沟通陷入破坏型或风险型状态。导致对方使用攻击的方式，捍卫自己的立场。如果当时自己在表达观点时，能够先肯定对方观点中比较正确的部分，然后以探讨的方式说这些错误的部分，一定要比直接批判对方的错误要好。其次，他在和对方发生争执后，表现得非常愤怒，认为这些愤怒是由对方导致的，这违反了极简沟通核心原则中的主体原则，没有为自己的情绪负责。正因为在群里发泄自己的情绪，才导致自己也被群主移除。

晓君实践极简沟通的感悟：很多糟糕的沟通，并不是他人做错了一些事情，而可能是你做错了一些事情，极简沟通能够使自己及时发现这些错误，从而避免制造出破坏型的沟通。

鹏飞和晓君的故事或许能够给你一些启发，让你知道在和网络对象沟通时如何实践极简沟通。世界中不存在两个一模一样的沟通，在具体的实践中，我们还需要举一反三。关于和网络对象的沟通，我们再了解以下三个要点。

1. 与网络对象沟通时，对方呈现出的信息未必是真实的。互联网中人们对外展示的信息，经常是特意加工和包装后的信息，这些信息并不一定是真实的，你应该对自己了解到的信息保持警惕。

2. 与网络对象沟通时双方的互动会更自由。人们可能不会把内心的想法说给现实生活中的某个人，但可能会把它们分享给某个陌生人。这并不是说他们跟陌生人之间的关系更亲密，而是彼此不存在交集，分享信息对自己显得更安全。

3. 与网络对象沟通时彼此的交往维度是较为单一的。在互联网中你分享的动态，可能会收到对方的点赞和评论，你也可能会和对方聊很多的话题，但是当这些沟通结束后，你依然面对的是空荡荡的房间。你可能会得到一个网友的陪伴，但这种陪伴永远无法取代现实生活中的朋友和闺蜜。

第六部分　小结

我们需要面对的沟通场景非常多，这些场景构建了每个人独一无二的世界。在家庭的场景里，你需要跟自己的爱人、孩子、父母沟通；在职业的场景中，你需要跟自己的老板、同事、下属和客户沟通；在其他场景，你还可能需要跟朋友、陌生人和大量网络对象沟通。能够在每个场景中都很好地应用极简沟通，是学习者应该努力的目标。极简沟通对你意味着什么，这是个只有你才能回答的问题，问题的答案会体现在你实践极简沟通的过程里。极简沟通是一门需要实践的学问，在实践的过程中遇到任何问题，你都可以与我联系。

参考文献

[1] 科里·帕特森，约瑟夫·格雷尼，罗恩·麦克米兰，等.关键对话[M].毕崇毅，译.北京：机械工业出版社，2012.

[2] 科林·赖特.极简主义解释[J/OL].流放生活，2017-01-26. https://exilelifestyle.com/minimalism-explained/.

[3] 本田直之.少即是多：北欧自由生活意见[M].李雨潭，译.重庆：重庆出版社，2015.

[4] 约翰·斯图尔特.沟通之桥[M].王怡红，等译.北京：北京大学出版社，2017.

[5] 理查德·科克.80/20法则[M].冯斌，译.北京：中信出版社，2014.

[6] 纳德·B.阿德勒，拉塞尔·F.普罗科特.沟通的艺术：看入人里，看出人外[M].黄素菲，李恩，王敏，译.北京：世界图书出版公司，2010.

[7] 奥里森·马登.信念:相信是万能的开始[M].穆秋月，肖文键，译.北京：中国华侨出版社，2013.

[8] 高剑平.张正华.手·火·语言：元工具论[M].北京：科学出版社，2016.

[9] 阿尔伯特 · 埃利斯.我的情绪为何总被他人左右[M].张蕾芳，译.北京：机械工业出版社，2015.

[10] 凯利 · 麦格尼格尔.自控力[M].王岑卉，译.北京：印刷工业出版社，2012.

[11] 夏征农.辞海[M].上海：上海辞书出版社，2002.

[12] 理查德 · 道金斯.自私的基因[M].卢允中，张岱云，王兵，译.吉林：吉林人民出版社，1998.

[13] 安德斯 · 艾利克森.刻意练习[M].王正林，译.北京：机械工业出版社，2016.

[14] 安东尼 · 罗宾.唤醒心中的巨人[M].王平，译.北京：中国城市出版社，2011.

[15] 戴维 · 迈尔斯.社会心理学[M].张智勇，侯玉波，乐国安，等译.北京：人民邮电出版社，2006.

[16] 盖瑞 · 查普曼.赞赏的五种语言[M].延玮，译.北京：中国商业出版社，2013.

[17] 托马斯 · A.哈里斯.我好，你好[M].林丹华，译.北京：中国轻工业出版社，2008.

[18] 特里 · R.培根.影响力[M].袁璐，译.海南：南方出版社，2013.

[19] 罗兰 · 米勒.亲密关系[M].王伟平，译.北京：人民邮电出版社，2015.

[20] 科里 · 弗洛伊德.沟通的力量：成功人际交往12法[M].李育辉，译.北京：机械工业出版社，2011.

[21] 提摩西 · 威尔逊.最熟悉的陌生人[M].段鑫星，武瑞芳，范韶维，译.北京：人民邮电出版社，2014.

[22] 丹尼尔·卡尼曼.思考，快与慢[M].胡晓姣，李爱民，何梦莹，译.北京：中信出版社，2012.

[23] 丹尼尔·戈尔曼.情商：为什么情商比智商更重要[M].杨春晓，译.北京：中信出版社，2010.

[24] 乔纳森·海特.象与骑象人[M].李静瑶，译.浙江：浙江人民出版社，2012.

[25] 阿尔伯特·埃利斯.理性情绪[M].李巍，张丽，译.北京：机械工业出版社，2014.

[26] 马歇尔·卢森堡.非暴力沟通[M].阮胤华，译.北京：华夏出版社，2009.

[27] 丹尼尔·戈尔曼.情商2：影响你一生的社交商[M].魏平，张岩，王珍珍，等译.北京：中信出版社，2010.

[28] 亚伦·皮斯，芭芭拉·皮斯.身体语言密码[M].王甜甜，译.北京：中国城市出版社，2007.

[29] 史迪芬.平克.语言本能[M].洪兰，译.广东：汕头大学出版社，2004.

[30] 伊莱恩·碧柯.美国培训与发展协会领导力开发手册[M].徐中，译.北京：电子工业出版社，2011.

[31] 马修·利伯曼.社交天性[M].贾拥民，译.浙江：浙江人民出版社，2016.

[32] 查尔斯·杜希格.习惯的力量[M].吴奕俊，陈丽丽，曹烨，译.北京：中信出版社，2013.

[33] 欧文·戈夫曼.框架分析：经验组织的评论集[M].1974.

[34] 施塔，卡拉特.情绪心理学[M].周仁来，译.北京：中国轻工业出

版社，2015.

[35] 克里斯 · 沃斯，塔尔 · 拉兹.强势谈判[M].赵坤，译.北京：九州出版社，2017.

[36] 彼得 · 圣吉.第五项修炼[M].张成林，译.北京：中信出版社，2009.

[37] 尼基 · 斯坦顿.沟通圣经[M].罗慕谦，译.北京：北京联合出版公司，2015.

附录一　关键工具模型图

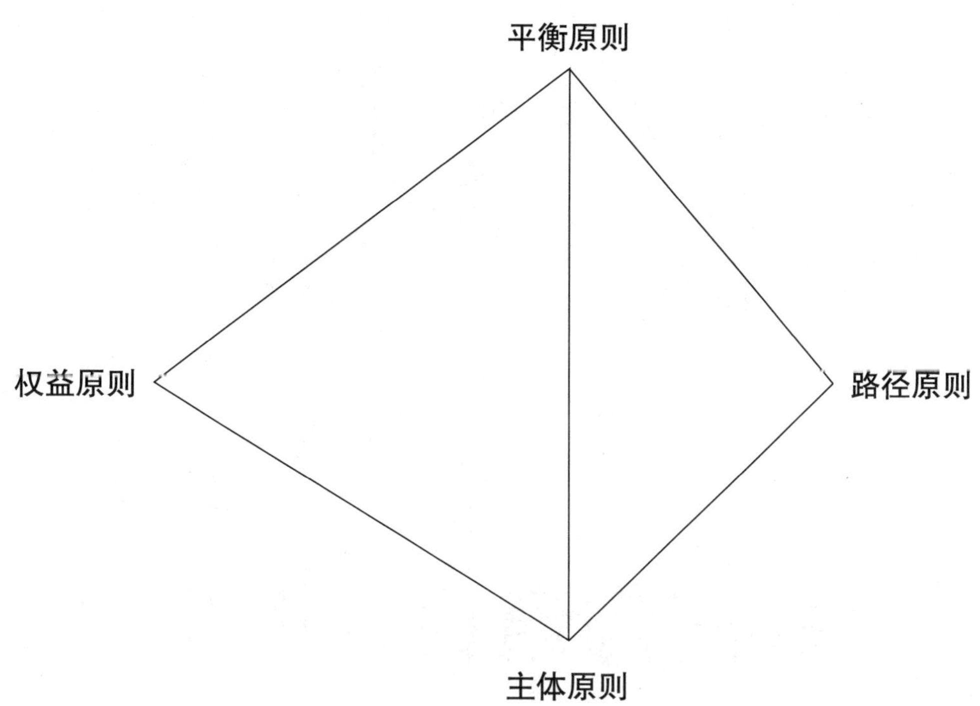

极简沟通核心原则

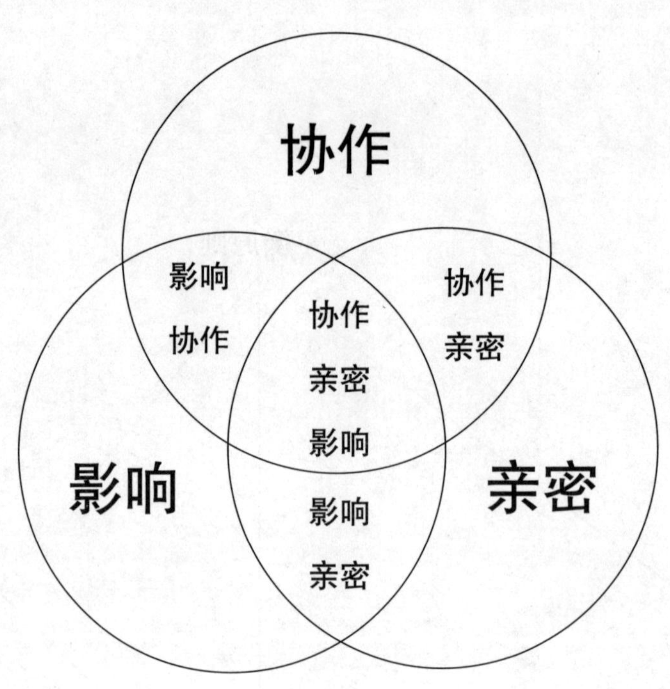

极简沟通目标模型

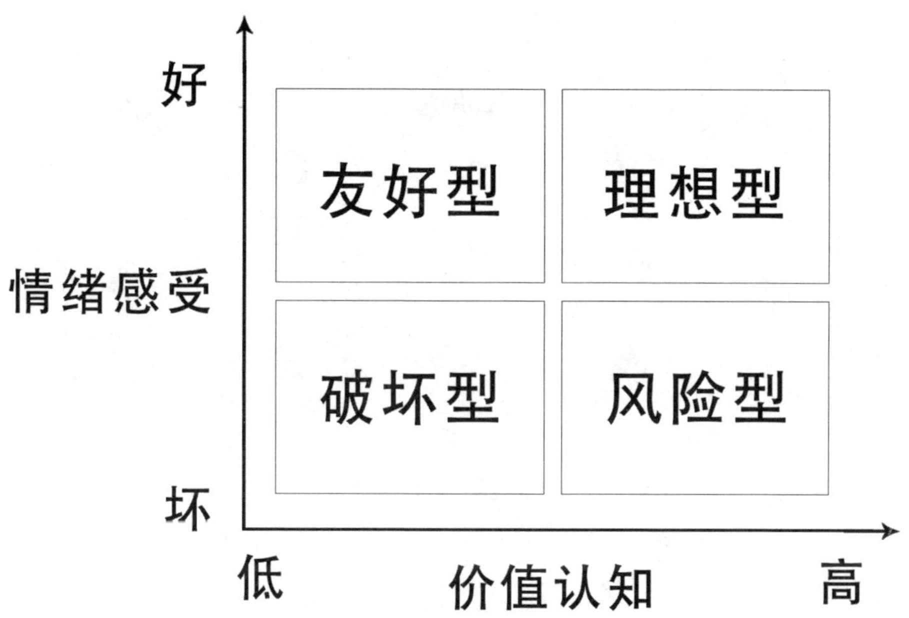

极简沟通状态模型

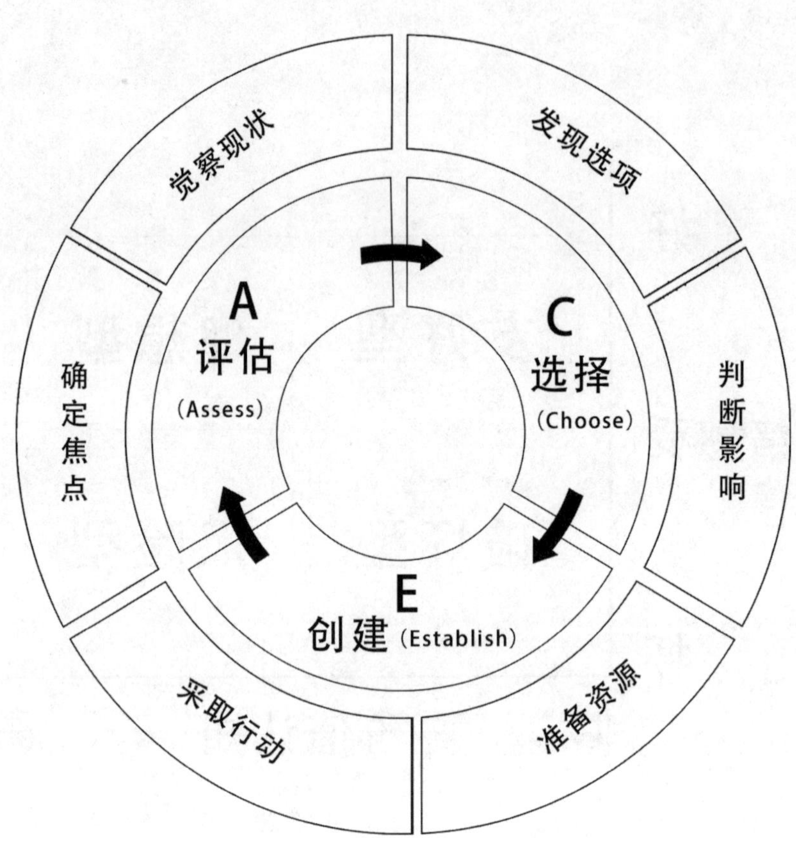

极简沟通 ACE 系统基础能力

附录二　重点关键词简述

◎ 第一部分　创造极简沟通

聚焦本质：让沟通化繁为简的第一个秘诀。指的是从关注影响沟通的全部因素，转变为只关注对沟通拥有重要影响的少数因素。

使用工具：让沟通化繁为简的第二个秘诀。指的是发现自我的局限，创造并利用工具得到我们满意的沟通结果。

极简沟通核心原则：极简沟通三剑客工具之一，共包含四条的具体的核心原则，分别是：平衡原则、路径原则、主体原则和权益原则。关注沟通者所持有的信念，致力于避免个人在沟通时，无意识掉入陷阱式信念。

极简沟通目标模型：极简沟通三剑客工具之一，致力于将复杂的沟通目标简化为七种基本目标，由三种核心的目标构成，它们分别是：协作、亲密和影响，并提供了沟通目标实现的基本路径。

极简沟通状态模型：极简沟通三剑客工具之一，让沟通者站在沟通对象的角度创造沟通，以沟通带给他人的情绪感受好坏和价值认知高低，将每个沟通定义为四种代表性状态，分别是：友好型、风险型、破坏型和理想型。

极简沟通ACE系统：极简沟通体系中重要的构成，连接沟通场景和三剑客工具，也是极简沟通三剑客的指挥官，ACE分别指的是评估、选择和创建的任务。

提醒：极简沟通三剑客工具创造价值的基本途径，让沟通者注意到一些事情，使关键工具在沟通中发挥闹钟的作用。

定位：极简沟通三剑客工具创造价值的基本途径，让沟通者准确认识现状，使关键工具在沟通中发挥GPS的作用。

激励：极简沟通三剑客工具创造价值的基本途径，让沟通者更有动力地做某件事情，使关键工具在沟通中发挥奖杯的作用。

指导：极简沟通三剑客工具创造价值的基本途径，让沟通者按照步骤和流程得到某个结果，使关键工具在沟通中发挥导航仪的作用。

◎ 第二部分　极简沟通核心原则

平衡原则：极简沟通核心原则之一，代表的含义是我们都很重要。避免沟通者陷入只有自己重要，或者只有对方重要的认知陷阱，帮助沟通者平等地沟通。

路径原则：极简沟通核心原则之一，代表的含义是坚持沟通的选项。不管面对的沟通多么复杂，拥有这个原则的人，都会努力推动沟通持续下去，不会轻言放弃。

主体原则：极简沟通核心原则之一，代表的含义是为自己的情绪负责。或许他人的语言和行为会引发你糟糕的情绪体验，但是只有你需要为自己的情绪负责，不要希望他人帮你处理自己的情绪。

权益原则：极简沟通核心原则之一，代表的含义是尊重对方的选择。人与人之间出现冲突是非常普遍的，解决冲突的最好方式不是强迫，而是尊重对方，不伤害对方的权益。

◎ 第三部分　极简沟通目标模型

理想目标：经过理性判断而主动选择的、能够带来明显好处的、或更恰当结果的沟通目标。

本能目标：由自我情绪和习惯所驱动的，沟通者无意识中存在的沟通目标。

核心目标：从众多个性化的目标中，通过归纳的方法提炼出的，在大部分沟通里都存在的关键目标，它们分别是：协作、亲密、影响。

组合目标：由三种核心目标相互组合而成的，组合目标共有四种，它们分别是协作+亲密、亲密+影响、影响+协作、协作+亲密+影响。

基本目标：代表的是极简沟通目标模型创造的目标清单，由核心目标与组合目标构成，共有七种目标，它们分别是：协作、亲密、影响、协作+亲密、亲密+影响、影响+协作、协作+亲密+影响。

协作：极简沟通目标模型中的核心目标之一，沟通的本质需求是与他人共同完成一件事情或任务。

亲密：极简沟通目标模型中的核心目标之一，沟通的本质需求是让自己和他人关系的亲密度发生改变，一般指促进关系发展和维持关系。

影响：极简沟通目标模型中的核心目标之一，沟通的本质需求是促使他人的想法、选择、行为等发生改变。

◎ 第四部分 极简沟通状态模型

友好型：极简沟通状态模型中处于左上角的代表性状态，指沟通带给他人的情绪感受较好，但价值认知较低。

风险型：极简沟通状态模型中处于右下角的代表性状态，指沟通带给他人的情绪感受较差，但价值认知却比较高。

破坏型：极简沟通状态模型中处于左下角的代表性状态，指沟通带给他人的情绪感受较差，同时让他人认知的价值比较低。是四种代表性状态中最糟糕的状态，需要努力避免。

理想型：极简沟通状态模型中处于右上角的代表性状态，指沟通带给他人的情绪感受较好，同时带来的价值认知也较高。是四种代表性状态中最好的状态，需要努力创造。

◎ 第五部分　极简沟通ACE系统

习惯性模式：人们面对沟通的方式之一，代表人们在无意识和自然的状态下和他人进行的沟通，在这种模式下沟通者对沟通本身不会有意识觉察。

注意力模式：人们面对沟通的方式之一，和习惯性模式相反。代表人们在有意识的状态下和他人进行的沟通，在这种模式下沟通者会对当下的沟通赋予大量的注意力，并对沟通高度觉察。

任务：极简沟通ACE系统的重要构成之一，任务有三类，分别指的是评估、选择、创建。

评估：简称A（Assess），是ACE系统中的第一个任务，代表沟通者为获得更多信息而做的一类事情。

选择：简称C（Choose），是ACE系统中的第二个任务，代表沟通者为了做出恰当判断而做的一类事情。

创建：简称E（Establish），是ACE系统中的第三个任务，代表沟通者为了实现改变而做的一类事情。

框架：极简沟通ACE系统的重要构成之一，指的是完成任务的界限或范围。分为小框架和大框架。小框架指的是极简沟通三剑客工具，大框架指的是所有影响沟通的因素。本书默认的框架是小框架。

方向：也称为ACE系统应用方向，是极简沟通ACE系统的重要构成之一。代表在不同的沟通阶段（沟通前、沟通中、沟通后），使用极简沟通的背景和目标。

基础能力：是极简沟通ACE系统的重要构成之一，致力于帮助更多的人提升完成三大任务的能力，共有六种基础能力，分别是：确定焦点、觉察现状、发现选项、判断影响、准备资源、采取行动。

确定焦点：是极简沟通ACE系统的第一种基础能力，对应于评估的任务，指的是知道在沟通中应该评估什么的能力。

觉察现状：是极简沟通ACE系统的第二种基础能力，同样对应于评估的任务，指的是可以从确定的焦点中获得更多信息的能力。

发现选项：是极简沟通ACE系统的第三种基础能力，对应于选择的任务，指的是在做出选择前，能够明确当前所有选项的能力。

判断影响：是极简沟通ACE系统的第四种基础能力，同样对应于选择的任务，指的是善于对已有的选项进行利弊得失的分析，并得出结论的能力。

准备资源：是极简沟通ACE系统的第五种基础能力，对应于创建的任务，指的是善于调动已有的知识、经验等资源，为即将进行的行动做好准备的能力。

采取行动：是极简沟通ACE系统的第六种基础能力，同样对应于创建的任务，指的是能够通过表达和行动，促使某些改变发生的能力。

后记

如果你已经读完了极简沟通，那么现在你最应该做的一件事情就是，停下来对这本书进行一些回顾和总结。你可以梳理一下书中每个部分的关系，你也可以通过写读书感悟的方式实现这一切。不管你用什么样的方式回顾和总结，采取这样的行动都非常有意义，它会让你阅读和学习的回报更大。我发现面对同一个经历，人们总是会做出不同的选择，有的人会对发生的事情进行反思和复盘，而有的人会匆匆离开并急切地投入另一个经历。匆忙地从一个经历走向另一个经历，从来不对发生的事情进行反思，这会让他们失去许多成长的机会。在经历一件事情的时候，我们需要全身心投入，而经历后则是从中发现意义的最佳时间。我们经常听到说失败是成功之母，其实经历很多失败并不一定会让你获得成功，只有当你愿意从每次失败中，反思和寻找原因的时候，成功才会靠近你。

过去十五年里，每经历一些事情，或者在比较有意义的日子，我都会对自己经历的事情进行反思，这是我比较有仪式感的一个习惯，自己也从这个习惯中获得了巨大的收获。它们总是可以给我带来重要的启发。我认为，我们不仅仅需要有很多的体验，我们还应该从不同的体验中发现意义。这就是我为什么在这里特别说反思和复盘的意义。极简沟通，给我们提供的工具，致力于让沟通化繁为简，它们本身是思维模型相对抽象和理性，如果谁没有认真地对待它们，可能就无法很好地理解和应用它们。

在写作这本书之前，我已经向很多人分享过极简沟通的学问，也开设过它的课程。很多人告诉我，极简沟通让自己对沟通有了全新的看法，对如何沟通有了新的思路。虽然我不知道这些看法和思路是什么，但我很开心极简沟通能够带给他们收获。我希望这本书也能够带给你类似的收获，如果有必要建议大家多次阅读这本书。一本书你在不同的时间阅读它，得到的感悟可能完全不同，其实书并没有改变，而是人已经发生了改变。在本书的最后部分，还有什么重要的事情应该向你分享呢？我想告诉大家：面对每个沟通和对话时，希望你能保持专注。让极简沟通帮助你更好地沟通，但不要让极简沟通给你的沟通带来干扰。很多人会在沟通进行的时候，努力回想极简沟通的知识和工具。当你这么做的时候，你很可能没有将沟通化繁为简，而是将它变得更复杂了。如果的确是这样的情况，你需要铭记一个忠告：忘掉极简沟通。

或许你对听到这个建议感到非常惊讶。你可能会说：我希望努力记住极简沟通教给自己的东西，但你却要在最后的时候告诉我忘掉它们。

如果忘掉之前学习的内容，是不是极简沟通无法创造价值了呢？答案是不会。在我们学习极简沟通ACE系统的时候，认识了习惯性模式，它与注意力模式完全不同，但我们大部分的沟通都是在这种模式下实现的。如果你理解了习惯性模式和注意力模式的关系，那么也就能够明白我的这个建议了。当你认真地学习过了极简沟通，那么它就会融入到你的思维和行为里，不需要特别想着它，它也可以发挥自己的价值。并不是所有铭记的观点和知识，才会创造价值。有些观点和知识可能会被你暂时忘记，但它们依然会发挥作用。比如“触电是危险的”，我们在很小的时候就知道了这个常识。你肯定不会天天重复这句话，甚至大部分时候你都不会想起来这句话本身，但是当你看到裸露的电线时，它又会突然从你的大脑中冒出来，提醒你不要靠近电线。只要你认真投入地学习过极简沟通，它的很多工具，也会在你沟通的时候自然出现，帮助你提升沟通成功的概率。

沟通并不是万能的，虽然它无法解决所有的问题，但它可以帮助我们，在很多方面做得更好。沟通能力的提升，并不是只在某个阶段需要被关注，而需要我们终生持续地修炼。善于沟通是个人能力标签中最值得被重视的一部分。因为拥有这个部分，才有了其他的更多可能。

2019年6月28日

张 零 于西安